내 인생의 작은 뜨락에서

리토피아신서 · 19
내 인생의 작은 뜨락에서

인쇄 2018. 6. 25 발행 2018. 6. 30
지은이 우성희 펴낸이 정기옥
펴낸곳 리토피아
출판등록 2006. 6. 15. 제2006-12호
주소 22162 인천 남구 경인로 77
전화 032-883-5356 전송 032-891-5356
홈페이지 www.litopia21.com 전자우편 litopia@hanmail.net

ISBN-978-89-6412-097-2 03810

값 12,000원

이 도서의 국립중앙도서관 출판예정도서목록(CIP)은 서지정보유통지원시스템 홈페이지(http://seoji.nl.go.kr)와 국가자료공동목록시스템(http://www.nl.go.kr/kolisnet)에서 이용하실 수 있습니다.(CIP제어번호: CIP2018018727)

우성희 수필집

내 인생의 작은 뜨락에서

LITERATURE & UTOPIA

프롤로그

내 인생의 작은 뜨락에서

나는 한국동란이 일어나기 전해에 서울 왕십리의 철도 관사에서 태어났다. 가끔 서울깍쟁이라고 스스로 그렇게 표현하기도 하지만 정상인과 조금 다른 내 신체조건과 그로 인해 약간 까칠하고 소심해진 내 성격을 감추려는 방편인지도 모르겠다.

일본에서 공부하고 오셔서 광산鑛山 소장으로서 나름대로 잘 나가던 아버지는 해방과 함께 실업자가 되었고, 광복되던 해에 경찰에 투신하신 어머니는 전쟁 중 북한군에게 끌려가 죽을 고비를 넘긴 후 옷을 벗었다. 경찰 생활을 하느라 불규칙한 수유授乳로 인해 자식이 소아마비 장애를 일으켰다고 생각이 들었는지, 나에게는 유독 엄격하셨다. 신체적 약점이 생긴 자식을 정상인 못지않게 키워내기 위한 노력이었으리라 생각된다. 초등학생 시절, 아버지와는, 당신 손에 이끌려 동대문야구장에서 '재일동포 학생야구단

초청 고교야구 대회'를 관람 하는 등 좋은 기억도 있지만, 어머니에게는 성적향상을 위해 혹독히 훈육 받은 기억이 대부분이다.

그 덕분인지 비교적 모범생으로 자라던 나는 고등학교 일학년 때에 우연처럼 운명의 짝을 만났다. 영악하지 못하고, 계산적이지도 못한 우리는 주위의 온갖 우려 속에서도 십 년간의 연애 끝에 눈이 펄펄 내리던 어느 해 겨울 남산 기슭의 한 예식장에서 맺어졌다. 엄격했기에 응석을 부릴 수 없었고, 그랬기에 어머니에게서 받지 못했다고 느낀 모성의 정을, 아내에게서 찾았다면 너무나 불효한 소리일까? 인정 많고 자상하던 아버지가 돌아가실 때는 무덤덤하던 내가 소원疏遠하던 어머니의 상중에는 많이 울었던 기억이 새롭다.

긴 연애 끝에 결혼하던 날 주례를 서주신 존경하던 변호사님께서 '요즘 세상에 보기 드물게 긴 사귐으로 첫사랑을 성공시킨 커플이라' 하신 주례사의 한 구절이 아직도 기억의 한 귀퉁이에 남아있다. 사랑만 믿고 결혼한 우리는 가진 것 없이 회사와 가까운 서울 서쪽 변두리의 셋집에서 신혼을 시작했지만, 결혼한 지 사년 만에 내 집 장만의 꿈도 이루었다. 가장인 나는 성실히 직장생활을 이어갔을 뿐이었지만 '백지장을 맞든' 아내의 살뜰한 절약이 있었기 때문이다. 첫딸을 본지 삼 년 후 원하던 아들도 얻었다.

그렇게 꽃피고 새 우는 봄과 오곡백과가 영그는 가을이 여러 차례 반복되면서 내 인생에도 가을이 찾아왔다.

사람의 일생에 어찌 사연이 없으랴! 일개 소시민인 나에게도 이런저런 우여곡절 속에 하고 싶은 이야기가 참으로 많았다. 그리고 인생의 가을에서 내 인생의 편린과 생각들을 정리해 보고 싶었다. 글은 일단 재미있어야 한다는 것이 내 지론이다. 내 인생과 생각들을 있는 그대로 쉽고 재미있게 쓰고자 노력했다.

내 인생의 뜨락에 피어나서 열매 맺은 모든 것들을 소중히 간직하고 싶다.

2018년 6월

차례

제3부

제4부

1부

서울사람도 고향은 있다

강남의 P호텔에서 저녁 모임이 있어 중랑천 변을 따라 동부 간선 도로를 달렸다. 이른 저녁, 태릉 나들목으로 들어서자 눈앞에 펼쳐지는 풍경이 눈길을 끌었다.

천변의 둔치에는 여러 가지 운동시설이 잘 비치되어 있어 많은 사람이 여유롭게 주말의 오후를 즐기고 있었다. 코트에서 땀 흘리며 농구를 하는 젊은이들, 자전거 타는 이, 조깅하는 사람, 인라인스케이트를 타는 이, 그 외에도 애완견을 데리고 산책하듯 천천히 걸어가는 사람들도 있었다. 냇물은 크게 S자를 그리며 유유히 흐르고 개울 한가운데 해오라기인지 이름 모를 물새가 한 다리로 서서 지는 해에 긴 그림자를 드리우고 있는 모습이 마치 한 폭의 그림이다. 생각은 거슬러 올라 과거로의 여행이 시작된다.

할아버지 때부터 서울에서 살았어야 진짜 서울사람이라지만 서울에서 태어난 나는 어쩔 수 없이 서울사람이다. 남에게 신세지기 싫어하고 내 것 남 주는 것도 별로 내켜 하지 않는 서울깍쟁이, 말 그대로 서울내기다. 어머니는 왕십리의 철도 관사에서 나를 낳으셨단다. 일제하 일본에서 공부하고 일본인 회사에서 근무하시던 부친은 해방과 함께 실업자가 되었다. 어렵사리 서울 생활을 꾸려가던 아버지는 한국동란으로 고향인 대전으로 피난을 가셨다. 어린 나이에 공부 때문에, 홀로되신 할머니와 함께 떠나야 했던 그, 말뿐인 고향으로.

유아기를 대전에서 보내긴 했지만 나는 그곳에 대한 추억이 없다. 고향 이야기만 나오면 시골 출신 동무들은 자랑 섞어 이야기 한다. 가난했지만 풍요로운 자연 속에서 자랐다고, 주위가 온통 들이고 산이었다고, 한 발짝 나서면 온통 논이고 밭인 그런 목가적인 풍경 속에서 자랐다고 한다. 나는 눈을 감고 상상을 해 보지만 무리다. 그곳 대전도 도회지나 마찬가지다. 더욱이 피난살이 하던 그 집은 역전 동네여서 아무리 50년대였다지만 목가적인 풍경은 없다. 어릴 때부터 살아온 서울 역시 그렇다.

초등학교를 거쳐 중고등학교까지 지방 출신 동무들을 만날 기회가 적었다. 지방 출신이라 해도 어릴 때 부모 따라 올라온 서울

거주자들이라 촌놈 냄새가 없었다. 고등학교를 거쳐 대학 생활을 하며 본격적으로 시골 출신 지인들이 생겨나고 사회생활을 거치며 이런저런 에피소드도 생겼다. 초임 관리자 시절에는 이런 일도 있었다. 경상남도 고성 출신의 부하 직원에게 뭔가를 가져오라고 심부름을 시켰는데

"홀팡다예?"

라고 되물어오는 거였다. 나는 그 말을 전혀 못 알아들었다. 그러자 옆에 있던 그 지방 선배 직원이,

"전부 다요?, 라고 묻는 겁니다."

하고 통역을 해주었다. 웃지 못할 촌극이었다. 군대 경험이 없는 나는 그즈음에야 영호남의 묘한 갈등도 피부로 느끼기 시작했지만, 지금껏 어느 지방에 대해서든 호불호는 없다.

사회생활을 시작한 후 지금까지 이런저런 술자리가 있다. 그 중 많이 성공한 지방 출신 친구와의 만남도 있다. 그때, 거나해져 기분이 좋아지면 나는 가끔 웃으며 이런 말을 한다.

"촌놈, 서울 올라와서 출세했네?"

어쩔 수 없이 가끔씩 보이는 그의 순수함이랄까? 때 묻지 않은 촌스러움이 귀엽기도 하고 '촌놈 주제에 서울놈 보다 잘 나가?' 하는 텃세 비슷한 감정이 섞인 농이다. 상대방은 늘 허허 웃고 말므로, 그 속까지야 내가 알 수 없다. 그냥 출세 못 한 서울놈의 푸념

쯤으로 듣고 말겠지 하고 치부하고 만다.

추석이나 설 명절에, 북새통인 서울역이나 꽉 막힌 고속도로를 보면서 지방 출신이 아니라 얼마나 다행이냐고 너스레를 떨어보지만 헛일이다. 정지용의 향수가 그려내는 그런 그림같은 고향이 없는 것을 못내 아쉬워하는 감정 달래기일 뿐이다. 시골 출신 지인들이 서울사람들은 고향이 없다고 단정하듯 말해도 뚜렷하게 반론을 제기할 수 없었다. 그런 것도 같았다. 그러나 잊고 있었을 뿐이다. 달리는 차창 밖의 풍경이 스르르 그 옛날 강가로 변하기 시작한다.

미아 사거리에 있는 초등학교 4학년인 우리는 지금의 노원구 월계동의 꿈의 숲 고개를 넘고 있다. 고갯마루에서 바라다 보이는 내리막길이 실뱀처럼 구불구불 가늘고 길게 이어져 내려간다. 먼지가 풀풀 날리는 비포장 오솔길엔 지게에 엿 목판을 지고 가위를 절그렁거리는 엿장수 아저씨가 우리를 앞서가고 있고 꿈의 숲 입구쯤에 있던 초가지붕이 정겨운 주막에선 오가던 길손들이 탁배기 한 사발로 더위를 식히고 있다. 우리는 내처 걸어 강 같은 중랑천에 다다른다.

자동차 전용도로도 둔치도 없는, 갈대와 잡풀만이 무성한 그

샛강의 모래는 말 그대로 은빛이었다. 그 은빛 백사장 위에 옷을 훌훌 벗어던지고 벌거숭이 우리들은 냇물로 뛰어들었다. 족대로 냇가 풀숲을 쑤셔대며 물고기를 잡았다. 개헤엄을 치면서 맑은 물 따라 흘러갔다가는 까르르 물보라를 일으키며 거슬러 뛰어 올라왔다. 해가 설핏 하도록 물장구치고, 고기 잡으며 놀았다. 배가 고프면 천변에 잘 자란 빨갛게 익은 토마토를 따먹고 목이 마르면 강물을 마셨다. 차가운 강물에 한기가 들면 냇가에 나란히 앉아 해바라기로 몸을 덥혔다. 잡은 물고기들은 됫병에 넣어 오지만 태반은 배를 허옇게 뒤집고 죽어버려 우리를 안타깝게 했다. 돌아가기 못내 아쉬워 뒤돌아보는 샛강에선 송사리가 튀고 은빛 백사장을 끼고 구불구불 냇물이 저녁 햇살에 물고기 비늘처럼 반짝인다. 지금 시골의 오염되지 않은 샛강 그대로다.

키 낮은 기와들이 옹기종기 처마를 맞대고 있는 골목안의 집에서는 놀이에 지치고 허기져 돌아온 우리를 늘 푸근한 어머니와 정다운 이웃들이 기다리고 있었다. 때로는 너무 늦었다고 야단을 맞기도 했지만 어머니가 차려주시는 저녁상은 반찬이 없어도 꿀맛이었다. 저녁밥을 달게 먹고 나면 곧바로 골목에 나와 닭쌈 등을 하며 어둡도록 어울려 놀았다.

그랬다. 서울사람도 고향이 있다. 잊고 살았던 우리의 고향이!

아비와 아들

술을 마시기 시작한 것은 오후 6시쯤부터였던 것 같다. 한여름 장마 끝의 30도를 넘나드는 찌는 무더위는 저녁때가 되어 가는데도 조금도 수그러들지 않았다. 얼굴이 달아오를 정도의 더위 탓에 더워, 더워 하면서 들어선 약속장소는 대치동의 어느 일식집이었는데 냉방이 잘 되어있어서 밖의 더위를 싹 잊을 만큼 상쾌하고 시원했다.

고등학교 동창생 중에서도 따로 부부동반 모임인 친구들과 정기모임 차 만난 자리었다. 혼자 들어서는 나를 보고,

"제수씨는?" 하고 묻더니,

"싸웠냐?" 한다.

아니 이놈들이 어떻게 알았지? 속으로 중얼거리면서도,

"그래, 쫓겨났다. 이놈아!"

하고 농담조로 대꾸했다. 아닌 게 아니라 집을 나오기 전 아내와 한바탕 하고 혼자 오게 된 것이다. 서른이 지나고도 취업을 않고 제방에 틀어박혀 컴퓨터와 씨름만 하는 아들놈을 나무라다 아내와 대판 붙어버렸다. 며칠 전 일이 다시 터진 것인데 불똥이 아내에게 튀어 동반외출이 깨진 것이다.

사흘 전 아내와 1박 2일의 나들이를 마친 후 집에 돌아오니 싱크대에는 설거짓거리가 수북한데 아들놈의 방에서는 컴퓨터 게임 소리가 요란하게 들려왔다. 너무나 지저분한 집안 모양새에 갑자기 화가 머리끝까지 솟아 그동안 꾹꾹 눌러왔던 노여움이 일시에 폭발해버렸다.

"야! 이놈아! 너 언제 정신 차릴래? 네가 먹은 건 네가 치워야지!"

방문을 열고 냅다 소리를 지르자 아들놈은 얼른 모니터의 화면을 바꾸고 반항적인 자세로 꼼짝 않고 앉아있다.

"나가 이놈아! 꼴도 보기 싫어!"

계속 소리를 지르며 돌아서는데 방문을 '쾅' 소리를 내며 닫는다. 갑자기 자괴감이 들어 온몸에 힘이 쭉 빠진다. 돌이켜 생각해보면 얼마나 후회가 되는지.

10년 연애 끝에 가정을 이루고 딸과 아들 순으로 남매를 낳아

기르며 정말 행복했었다. 직장을 퇴직하고 시작한 사업도 순조로워 주위에서 성공했다는 소리를 들으며 조그만 성취감을 느껴가며 열심히 살았다. 아이들은 잘 자라주었다. 딸아이는 세칭 명문대를 나와 교사가 되었다. 그리고 다음 순서는 이것 이라는 듯 결혼하여 만족스러운 사위와 함께 딸 아들을 낳아 우리 내외를 행복하게 해주었다.

그러나 아들놈은 바라는 대로 되지 않았다. 집 근처의 국립대에도 동시 합격했는데 자기가 하고 싶은 걸 하겠다고 예술대학을 고집했고 그 학교의 예술학부는 지방의 분교에 있어서 가족과 떨어져 생활해야 했다. 그때에도 저 하고자 하는 거 시키자는 아내의 의견과 아들놈 고집에 져서, 또 그것이 아들의 의견을 존중하는 현명한 아빠라고 자위하며 승낙했었다.

학기 중에 공모전에 입상하여 부상으로 동경의 디자인 경연대회에도 다녀오는 등 재주를 보여 기대감을 주던 아들이었다. 녀석은 졸업 후 첫 직장에서 선배와 작품 제작상의 견해 차이로 퇴직하고는 그 후로 취업한 곳에서도 마찰을 빚으며 몇 번인가? 입퇴사를 반복했다. 자식이 그러고 있는 와중에 인건비가 싼 중국의 덤핑공세에 밀려 회사에서 하는 일도 사양길에 들어 '정 취업을 못 하면 이 일이라도 물려주자'고 내심 작정하고 있던 계획도 수

포가 되어 버리고 말았다. 대학 입학 때 내가 좀 더 강경하게 나갔어야 했는데…. 퇴사를 반복할 때는 왜 좀 더 강하게 말리지 않았는지. 본인의 고민에 겹쳐 자식에게 아비 노릇 못하는 자괴감까지 들어 이즈음 후회로 밤잠을 설치고 있다.

방은 쾌적했고 음식도 정갈하고 맛이 있어서 집을 나설 때의 불쾌함을 잊고 친구들과 어울리기 시작했다. 떠들썩한 대화 속에 친구 녀석들은 평소 즐기던 정치 이야기보다 자식 이야기기가 많았는데, 미국에 이민 가서 살다 돌아온 것을 벼슬인양 자랑을 코에 걸고 사는 T가 하는 말이다.

"우리나라는 틀렸어! 도대체가 삼십이 넘은 놈들을 왜 끼고들 사는지? 미국은 고등학교만 나오면 자기들이 다 알아서 독립하는데 말이야! 그냥 내쫓아야 해!"

입만 열면 미국 타령인 그의 말에 한두 번 비위가 상했던 것이 아니지만 오늘따라 더욱 짜증이 난다. '저게 지금 나 염장 지르나? 저는 자식도 없는 놈이!' 한 잔 두 잔 술잔이 거듭되면서 다시 집을 나설 때의 불쾌감이 머릿속을 비집고 들어왔다. 왕왕거리며 들려오는 컴퓨터 게임 하는 소리! 본인은 작업 중에 머리도 식힐 겸, 그것도 게임 줄거리 만드는 작업의 일부라고 주장하지만 몇 년째 집에서 컴퓨터와 씨름만 하는 아들놈을 생각하니 술기운 속에 미운 생각이 더욱 더해간다.

술집을 나와 의례적인 헤어짐의 인사를 나누고 택시를 탄 것은 여름날의 긴긴 해가 완전히 넘어간 캄캄한 한밤중이었다. 행선지를 알려주고 뒷자리에 몸을 누이자 다시 취기와 함께 불쾌한 기운이 머리 뒤꼭지를 타고 모락모락 피어 올라오기 시작한다. 내 인생 후반전이 왜 이리 꼬이나? 늙으면 자식 잘 되는 맛에 산다는데….

차에서 내려 바라본 아파트 경비실 옆의 잔디밭이 가로등 불빛을 받아 싱싱한 녹색의 살아있는 광채를 뿜는다. 낮게 처진 울타리를 넘어 들어가 잔디밭에 벌렁 누워 버렸다. 그것은 진정 평온이었다. 좀 전까지 끈끈하게 달라붙던 불쾌감과 자식에 대한 애증이 알맞게 오른 취기 속에 몽롱하게 멀어져간다. '이대로 여기서 좀 쉬자!' 느긋한 기분으로 우선 구두부터 벗어 버리고 다시 큰 대자로 누워 버렸다. 그리고 이내 잠들고 말았다.

시간이 얼마나 지났을까? 흔들어 깨우는 기척을 느끼며 가늘게 눈을 떴다. 누군가가 쭈그리고 앉아 걱정스러운 표정으로 내려다보며 말했다.

"아버지! 이런 데서 주무시면 어떡해요. 일어나세요, 집에 가야죠."

아들이었다. 공원에 산책 나왔다가 돌아가는 길인 모양이다. 못 이기는 척 상반신을 일으키고 물끄러미 아들을 쳐다보았다.

"힘드세요? 그럼 업히세요."

하며 널찍한 등을 돌려 내민다. 또다시 못 이기는 척 그 등에 매달렸다. 두툼하고 편안한 등이었다. 그리고 따듯했다. 더운 날씨지만 그 따듯함이 싫지 않았다. 집으로 가는 내내 아들과 무언의 대화를 나누었다.

'그래 기다릴게. 네가 너의 꿈을 이룰 때까지 이 아비는 너를 믿고 기다리마!'

업고 업혀 들어오는 부자를 보며 아내가 한마디 한다.

"당신이 늦으면 애가 꼭 나가요! 몸도 불편한 아버지 혹시 뭔 일 일어나면 어찌 하느냐면서."

싸우고 나가 업혀 들어오는 남편이 곱지는 않았겠지만, 아들과 남편의 화해는 아내에게도 기쁨이었나 보다.

경포대의 보름달

마음은 날아갈 듯 가벼웠고 벌써 바닷가를 달리고 있었다. 우리는 고등학교는 각자 다르지만, 중학 동창 모임의 일원들이고 대학까지 친구로 이어져 오고 있는 그 시절 서울에서는 흔치 않은 불알친구나 마찬가지인 사이였다. 방학이 시작되기 전부터 피서 계획을 짜기 시작하였고 각자 여자 친구도 한 사람씩 대동하고 동해안으로 여행을 가기로 거창한 계획을 세우고 자금과 여자 친구 확보에 열을 올렸다.

녀석들은 부모에게 약간의 거짓말로 자금을 타내고 나는 과외 공부 보수의 일부로 어렵사리 자금을 마련하였으나 여자 친구 문제는 여의치 않았다. 우선 두 녀석은 그 시점에서 사귀는 여자 친구가 없었고 나는 오랫동안 사귀어 오는 그녀가 있었지만, 남자와의 바닷가 여행이란 언감생심 꿈도 못 꿀 일이었다. 며칠을 망설이며 말도 못 꺼내다 용기를 내어 이야기를 꺼내 보았지만, 결과는 예상대로였다. 호랑이보다 무서운 오빠가 절대 허락할 리가 없다는 거였다. 출발 당일 친구 집에 모인 우리는 같이 합의하여 여자 친구 동행을 포기한 채 차선책으로, 현지 조달을 하면 된다고 낄낄거리며 택시를 잡아탔다.

택시가 신호등에 걸려 역 앞의 건널목에 멈추고 행인들이 그곳을 건너가는 것을 물끄러미 바라보던 나는 황급히 대시보드 밑으로 몸을 숨기는 행동을 하고 말았다. 그녀였다. 그녀가 지나고 있었다. 제기동 근방의 오빠 집에 사는 그녀가 그 앞을 지나가는 것은 있을 수 있는 일이었다. 너무 좋아 꿈에도 보이던 그녀였기에 평소의 나였다면 응당 차 문을 열고 뛰어나갔을 것이었다. 그러나 나는 몸을 숨기는 비열한 행동을 하고 말았다. 동행 못 하는 것을 못내 아쉬워하는 그녀에게 나도 안 갈 거라고 거짓말을 하고 나선 길이었기 때문이다. 다행인지 그녀는 나를 못 보고 지나갔고 우리는 그렇게 동해바다 행 밤기차에 몸을 실었다.

기차는 저녁에 청량리에서 출발하여 밤새 달려가고 있었다. 기대감에 들뜬 우리는 잠도 자지 않고 해수욕장에서의 성공적인 헌팅을 주제로 잡담을 하고 있었는데 잠들지 않은 사람은 우리뿐이 아니었다. 통로 건너 옆자리의 예쁘장한 여학생 세 명도 자기

들끼리 이야기꽃을 피우고 있었다. 우리는 이심전심 마음이 통하여 기차가 태백산맥의 가파르고 긴 터널을 앞뒤로 전진과 후진을 반복하여 도계역에 도착할 즈음엔 처음부터 동행이었던 것처럼 자연스럽게 일행이 되어 있었다. 창밖으로는 밝아오는 여명 속에 싸~ 한 더덕 향기가 코를 산뜻하게 하고 있었다.

기차가 북평역에 도착하여 경포대까지 버스로 이동하는 동안 우리는 더욱 의기투합하여 같은 숙소에 짐을 풀었다. 서울의 수도 여자 사범대학 무용과에 재학 중이라는 그녀들은 바닷가 여행이 처음이라 설렌다며 있는 동안 잘 지내보자고 의젓한 소리를 했다. 마당엔 커다란 들마루가 놓여있고 우리는 나란히 붙은 방을 얻어 낮 동안은 바닷가에서 튜브도 타고 비치파라솔 밑에서 쉬기도 하며 신나게 놀다가 돌아오는 길엔 간이시장에서 간단히 장도 보아 그 커다란 들마루 위에서 밥을 지어 같이 먹었다. 누가 보더라도 서울부터 같이 온 일행이었고 우리는 한밤중까지 이야기꽃을 피웠다. 신혼여행을 간다면 이런 기분일 것 같았다.

방에 돌아와 우리끼리 있을 때는 너는 누구 가져라, 누구는 내 거라며 김칫국부터 마시며 낄낄거렸다. 그녀들도 대충 상대를 정한 듯 바닷가에서 놀 때나 장을 볼 때 자연스레 커플이 정해졌다. 무용과에 재학 중인 그녀들은 표준 미모를 넘어서는 수준이었고 학년은 우리보다 한 학년이 위였다. 우리는 거짓말로 한 학년을 올려 같은 학년으로 행세했고 그녀들도 믿어 주었다.

정말 꿈이라도 꾸고 있는 듯 하루하루가 순식간에 지나간 사흘 후 아침, 갑자기 세찬 바람이 불며 비가 억수같이 쏟아졌다. 마치 하늘에 구멍이라도 뚫려 양동이로 쏟아붓는 것 같은 세차고 줄기찬 비였다. 마당엔 빗물이 무릎까지 차고 바닷가에도 나갈 수 없는 우리는 쏟아지는 빗속에 다른 방 아저씨들과 어울려 강원도 막걸리에 취해가고 있었다.

비는 저녁 어스름에 겨우 개었고, 그때까지 방에서 잠을 자는지 조용하던 그녀들 방이 열리더니 행장을 꾸리고 나서는 것이 아닌가? 우리와 있는 것이 자기들도 재미있어 예정보다 하루를 더 있으려 했지만, 비도 오고, 해서 예정대로 친척 집으로 가려 한다는 것이었다. 친구 중 한 녀석은 같이 따라가겠다고 법석을 떨었지만 될 일이 아니었다. 우리는 서로 주소와 전화번호를 교환하고 그렇게 헤어질 수밖에 없었다.

비가 개니 마당의 들마루를 닦고 그곳으로 나와 앉아 다른 방 아저씨가 양동이로 받아온 막걸리에 바가지를 띄워 오이와 풋고추를 안주로 마냥 들이키고 있는데 해가 지고 어두워지는 밤하늘

한복판에 쟁반 같은 노란 둥근 달이 두둥실 떠올랐다. 정말로 어이없이 크고 어처구니없이 밝은 샛노란 보름달이었다. 분명 어제도 그제도 그 자리에 떠 있었을 그 달이 왜 이제야 눈에 들어오는지?

그 달을 보고 있는 순간 그녀의 얼굴이 그 보름달 속에서 화사하게 웃고 있었다. 사흘 동안 다른 여성들과 노는데 정신이 팔려 잊고 있었던 그녀의 청순하고 맑은 얼굴이. 청량리역에서 눈에 띄었을 때의 그녀가 떠오르며 참을 수 없이 보고 싶었다. 그리고 그때의 나의 행동과 지금의 내 꼬락서니가 한없이 부끄러웠다. 몽롱하게 오르는 취기 속에 당장에라도 서울로 달려가고 싶었지만 될 일이 아니었다. 갑자기 울음이 터져 나왔다. 술잔을 앞에 놓고 두 다리를 뻗치고 대성통곡을 하였다. 보고 싶었다. 그냥 그녀가 너무나 보고 싶었다.

아홉 시간의 기다림

회사와 지척에 그곳을 두고도 가볼 생각은 전혀 하지 못했다. 아니 지금의 바쁜 일상과 학창 시절은 전연 별개의 세상 같았기에 그렇게 별개로 치부하고 있었기 때문인지도 모른다. 그 건물 앞을 오가면서도 건물 이층에 그곳이 있다는 생각조차 느끼지 못하고 잊어버리고 살았다. 그런데 직원들과의 회식이 끝나고 간부 사원 몇몇과 따로 한 잔 더 하자고 무심코 들어선 건물에서 옛 기억이 떠올랐다. 요즘에는 좀체 찾아보기 어려운 고풍스러운 대리석 계단을 오르면서 문득 여기가? 했고, 가게의 문을 밀고 들어서며 맞아! 했다. 거기였다. 대궁다방.

고등학교 때부터 같은 동아리에서 교지 편집도 같이하곤 하던 선배가 진을 치고 있던 곳이다. 그 선배에게 툭하면 불려 다니다 보니 나도 자연 죽치게 된 그 대궁다방. 그 시절 다방답게 무슨 중국집 상호처럼 적당히 촌스런 이름이지만 아담한 뮤직 박스 속에서 들려주는 음악의 선곡만은 뛰어났다. 팝과 클래식을 적절히 섞어 틀어주어 팝송 마니아인 척하던 우리에게 만족을 주던 곳이었다. 지금은 실내가 카페 풍으로 바뀌어 그때를 상기시키는 흔적은 하나도 없었지만 분명 그 건물 그 자리다.

선배의 친구 예닐곱, 내 친구 일곱 여덟이 주요 멤버들인데 별일이 없어도, 아니 일이 없을수록 그곳에 들르는 것이 우리들의 일과였다. 그곳을 아지트 삼아 휴일에는 오전부터 평일에는 방과 후, 하나둘 모여 음악을 들으며 죽치다가 우르르 당구장으로 몰려가 내기 당구를 치고 어둑해지면 남은 사람끼리 주머니들을 털어 근처 술집으로 향하곤 했다.

애인이 생기면 어디로 싸돌아다니는지 몇 달씩 코빼기도 안 보이는 내숭파도 있고 사귀자마자 대동하고 나타나 선을 보이고 그 여자에게 우리의 친분을 자랑삼아 떠벌리는 허풍파도 있었다. 또 동아리 활동으로 고등학교 때부터 알고 지내온 선배들의 여자 친구와 우리들의 여자 친구도 가끔 찾아오던, 말 그대로 우리들의 아지트였다.

나만의 그녀는 고등학교 때부터 사귀어온 처지라 남자 친구들과는 안면이 있는 사이였지만 그 패들과는 각각 따로 알게 된 사이인 데다가 워낙 말수가 적고 조용한 성격이어서 그곳을 별로 좋아하지 않았다. 또 동아리의 여자 친구들과는 대면도 없던 처지라 둘이 만나는 장소는 자연 다른 곳이 되는 경우가 많았는데 그날은 무심히 그곳에서 만나기로 하였고, 아침 이른 시간의 약속이어서 인지, 그녀도 별로 거부하는 기색이 없었다.

전날까지 태풍의 영향으로 비바람이 무섭게 몰아치더니 거짓말처럼 날씨가 좋아져 그날 아침은 유난히 하늘이 높고 청명해 기분까지 산뜻했다. 나는 교외선을 탈까? 덕수궁엘 갈까? 가벼운 주머니와 타협을 해가며 약속 시각에 맞춰 그곳에 나갔다. 문을 밀고 들어서는데 클리프 리처드의 더 영 원스가 그의 백밴드인 세도우스의 경쾌한 기타 리듬과 함께 마음을 들뜨게 했다. 뮤직 박스의 DJ에게 가볍게 눈인사를 하며 수족관 옆자리에 앉았다.

우리 멤버들은 아직 아무도 보이지 않았다. 속으로 잘됐다 싶었다. 한쪽 벽에 커다랗게 걸린 모양 없는 벽시계를 보며 그녀가 나타나면 바로 데리고 나가 신촌 행 버스를 타고 그곳에서 교외선을 타리라 마음먹었다. 조금 무리일지 모르지만 송추나 장흥 정도 가서 점심을 싼 것으로 먹으면 얼추 예산이 맞으리라 계산을 하며 그녀가 오기를 기다렸다. 음악은 비지스의 홀리데이로 바뀌어 로 빈 깁의 애잔한 목소리가 다방 안에 울려 퍼지고 있었다. 정말 음악은 인생의 활력소 같은 것이다. 저 친구는 남자가 어떻게 저런 음색으로 저렇게 애잔하게 노래할 수 있을까? 나는 노래처럼 그녀에게 휴일 같은 존재가 될 수 있을까? 이런저런 생각으로 노래를 들으며 수족관 속에서 유유자적 헤엄치고 있는 잉어들을 바라보다 시계를 보다 하며 초조하게 그녀를 기다렸다.

초조와 불안 속에 한 시간이 훌쩍 지나가자 오라는 그녀는 안 오고 친구 한 명이 나타났다. 녀석은 보자마자 사돈 남의 말 하듯이 화창한 일요일에 그렇게 갈 데가 없냐.며 타박이었다. 그 녀석과 쓸데없는 잡담을 하며 또 한 시간이 지났다.

"너 누구 기다리냐?"

자꾸 입구 쪽을 돌아보다 뮤직 박스를 보다 하는 나를 보고 드디어 녀석이 눈치를 챈 모양이다. 그 시절엔 휴대전화가 없던 시절이니까 약속 시각에 늦으면 그곳으로 연락해서 뮤직 박스 속의 DJ가 음악 소개 사이사이에 누구누구 씨 전화 와 있습니다! 하고 알려주곤 했었다. 그러나 아무리 기다려도 나를 찾는 전화는 없었고 혹시나 하고 메모지 판을 살펴봐도 나를 기다리는 메모지는 없었다. 다방 입구에 비치된 메모지를 꽂아 놓는 판도 그 시절의 긴요한 연락 수단이었다.

시간은 벌써 12시 반을 지나 친구 녀석들은 몇 명인가 더 늘었고 선배도 한두 명 보였다. 이 좋은 휴일에 참 어지간히 한심한 친구들이다. 맨 처음 녀석에게 내 바람맞은 사연을 전해들은 그들은 낄낄거리며 나를 위로한답시고 한마디씩들 했다. 결론은 점심 내기 당구를 치는데 내가 져도 밥은 자기들이 산다는 거였다. 나 없는 사이에 혹시 그녀가 오지 않을까 하는 불안감이 있었지만, 그들은 세 시간이 지나가는 판국에 아직도 미련을 버리지 못하는 나를 미친놈 취급하며 끌고 나갔다.

끌려간 당구장에서도 다방에 전화하다 한심한 놈이라고 욕을 바가지로 먹었지만, 고등학교 때부터 벌써 4년이 넘게 사귀고 있는 그녀와 나 사이를 잘 아는 놈들이 그러면 안 되는 거였다. 걱정이 되어 밥이 입으로 들어가는지 코로 들어가는지 모를 지경이었다. 약속 시각에 자주 늦는 그녀였지만 약속을 하고 안 나온 적은 없었다. 연애 초반에 기 싸움하느라 15분 이상 안 기다리고 돌아온 적도 있는데, 그때도 그녀는 늦게 나와서는 한 시간 이상을 기다렸다고 하곤 했다. 그러니 우리의 약속은 시간개념이 없었다. 그러나 역시 세 시간 이상은 말이 안 된다는 녀석들의 말을 부정할 수는 없다. 백색전화, 청색전화 하며 전화 한 대 놓기가 무지하게 어렵던 시절, 가난한 우리 집은 전화가 없었고 그녀는 큰오빠 집에 살아서 전화하기가 어려웠다. 한 번 못 만나면 다음에 만날 약속 잡기도 어려웠다.

친구들은 무교동으로 술 마시러 간다며 같이 안 가면 너는 친구도 아니라고 반 협박조로 나를 꼬드겼지만 나는 다방으로 돌아왔다. 메모지 판을 보고 DJ에게 확인하고 다시 수족관 옆에 앉았다. 레지가 안 됐다는 듯 엽차 잔을 놓고 가고 손님도 뜸한 다방 안에 알지도 못하는 클래식 음악이 흘러나오고 있었다. 탁자 위에 성냥으로 탑 쌓기를 계속하며 온갖 불길한 상상으로 머리가 지끈지끈했다. 몇 번이나 그녀와의 짧은 이별을 경험했던 나는 이것이 혹시 마지막이 아닌가 하고 불안했다. 그러나 약속을 해놓고 시간에 늦을지언정 안 나오는 적은 없었고 나는 무작정 기다릴 수밖에 달리 방도가 없었다. 자존심보다 걱정이 앞섰다. 그리고 꼭 그녀가 문을 밀고 내 앞에 나타날 것만 같았다.

다섯 시가 지나며 화창하던 하늘에 다시 먹구름이 끼더니 세찬 소나기가 창문을 두드렸다. 실내장식으로 모든 창문은 막혀있어 밖이 보이지 않았지만, 주방 쪽으로 달린 조그만 유리창을 통해 비 내리는 모습이 전해져 왔다. 화장실을 다녀오며 밖을 보니 어두워져 가는 길 위로 빗줄기는 바람에 이리저리 방향을 바꿔가며 흩뿌렸다. 참으로 스산한 풍경이었다. 오지 않는 그녀도 걱정이지만 온다 해도 걱정이고 그 와중에 나도 돌아갈 길이 걱정되었다.

기다림을 포기한 상태로 어떻게 이 빗속을 뚫고 무사히 집으로 돌아가야 하나 혹시 다방에 남는 우산이 없을까 하고 고개를 든 순간 호리호리한 그녀가 거짓말처럼 문을 밀고 들어서서 한 손에 우산을 들고 비에 젖은 옷을 털고 있는 것이 보였다. 일어서려고 엉거주춤 허리를 드는데 그녀는 어느새 내 앞에 다가와 어색한 웃음을 짓는다. 약속 시각에서 꼭 아홉 시간만의 등장이다. 화를 내야 하나 웃어야 하나 갈피를 못 잡고 있는데 비에 반은 젖은 쇼핑백을 올려놓는다.

시골집에 다녀오는 길이라 했다. 그녀의 본가는 안양에서 조금 들어간 물왕리 저수지 옆 과수원집이었는데, 아침에 나오려니 개울에 물이 불어 도저히 건널 수가 없더란다. 한나절을 발만 동동 구르다 오후에 물이 조금 빠져 작은 오빠가 업어서 건네주어 겨우 왔단다. 모습을 보니 물에 빠진 생쥐 꼴이었다. 단정하던 단발머리는 비에 젖어 뺨에 달라붙었고 입술은 새파랬다. 무슨 기념으로 내가 사주었던 연두색 원피스는 비에 흠뻑 젖어 반은 초록색으로 변해 있었다. 자기 집에서 최상급이라며 껍질을 벗겨 내미는 복숭아를 바라보는데 갑자기 명치끝이 뻐근해지며 가슴에 뜨겁게 무엇인가가 치밀어 올랐다. 아무 말도 못 하고 농익어 물이 밴 그것을 한 입 베어 물었다. 달았다. 너무나 달았다. 그리고 그녀를 바라보았다. 돌아갔을 거라는 생각은 안 했단다. 꼭 있을 것 같더란다.

밖으로 나서니 비는 또 개어 있었다. 비바람에 떨어진 철 이른 낙엽이 비 그친 보도 위에 패잔병처럼 뒹굴고 있었고, 흐린 가로등이 쓸쓸히 그것을 비추고 있었다. 차가운 그녀의 손을 잡아 내 손과 같이 윗옷 주머니에 살그머니 넣었다. 어딘가 따듯한 국밥집이라도 가야겠다고 생각했다. 온종일 기다림에 허기진 내 창자와 차가운 빗속을 서로에 대한 믿음으로 달려와 준 그녀의 속을 따듯이 채우기 위해.

바르게 살기의 지겨움

스콧 피츠제럴드는 『위대한 개츠비』를 쓴 1920년대 미국의 유명 베스트셀러 작가다. 1896년에 태어나 1940년에 죽었다. 오래 전 그의 대표작 『위대한 개츠비』를 읽었다. 그러나 아무런 감흥도 받을 수 없어서 이 책이 왜 베스트셀러가 되었는지, 어떤 심오한 작품성이 있는지를 이해하지 못하는 나의 무식함을 자책하며 책장을 덮고만 기억이 있다.

요즈음 공부 겸해서 유명작가의 수필집들을 찾아 읽는다. 그 중 『무라카미 하루키의 에세이 걸작선』이라는 것이 있는데 그 중 한 글에서 내가 지금껏 가지고 있던 『위대한 개츠비』에 대한 의문이 조금은 풀리는 기분이 되었다. 그러나 참! 어이없다는 느낌이 명치끝을 밀고 올라왔다. 피츠 제럴드는 내가 죽었다 깨어나도 하지 못할 행동들로 평생을 살다가 갔다. 그는 알코올 중독에다 경제관념이 전혀 없어 그런 불후의 베스트셀러를 쓰고도 빚더미에 올라앉은 채 죽었다. 그는 철저하게 저축이나 자산관리에 관심이 없었다. 젤다와 스콧 부부는 돈이 생기면 생기는 족족 다 써버렸다. 그것을 하루키는 자식 보호하는 부모처럼 우호적으로 변명해 놓았다.

스무 살이 조금 넘은 나이에 갑자기 초 인기 작가가 되었으니 애초에 돈이 무서운 줄 몰랐다고는 하더라도 나로서는 도저히 이해가 되지 않는다. 부인인 젤다는 돈에 주려본 적이 없는 철없는 아가씨여서 부부는 돈이 들어왔다 하면 들어오는 족족 그대로 물 쓰듯 써버렸다. 부족하면 출판사에서 당겨 썼다. 출판사는 베스트셀러 작가의 원고를 얻기 위해 달라는 대로 계약금을 주었다. 그러는 사이 빚이 눈덩이처럼 불어났다. 그는 1929년 대공황에 전혀 손해를 입지 않은 많지 않은 미국인 중 한 명이었다. 피해를 보고 싶어도 피해볼 자산이라는 것이 전혀 없었기 때문이었다.

1920년대의 호경기를 지내며 그렇게 많은 돈을 벌었으면서도 빚만 남기고 죽었다니! 가난한 나라에 태어나 절약을 미덕으로 알고 팍팍하게 살아온 나였기에 위대한 게츠비 속에 묘사되는 모든 것을 이해하기 힘들었다. 그들의 풍요 속의 지나친 소비. 밤을 새운 파티. 한 여자에 대한 물질적 순애보 등, 그와 그 시절을 살다간 독자들은 당연시하던 소비와 퇴폐적 방종이 이질적이었던 거다.

초등학교 시절부터 우리는 바른 생활을 배우며 자란다. 토끼와 거북이의 이야기로 토끼에게서 게으름은 부끄럽다고 배우고 근면 성실을 거북이에게 배웠다. 동네 사람들이 칸트의 산책 시간에 맞추어 시계를 맞춘다는 이야기로 철저한 시간관념을 배우고 부지런하고 열심히 공부해서 훌륭한 사람이 되어야 한다고 교육받으며 자랐다. 큰 바위 얼굴에서 겸손과 겸양의 자기 성찰을 배웠고 불쌍한 사람을 도와주고 불의에 굴하지 말라고도 배우며 자라났다.

예순을 훌쩍 넘긴 이 나이에도 여섯 시 전에 일어나 바른 몸과 정신(?)을 만들어 출근한다. 전철 속의 구걸하는 사람을 보면 아주 약소한 푼돈이지만 그냥 지나치지 못한다. 일요일엔 가족과 함께 성당엘 가고 아주 간절하게 소망하는 것을 빈다. 나 자신과 내 가족을 위해 빌고 가끔은 이웃을 위해서도 기도한다. 담배는 청년 시절 조금 피우다 끊었고 술로는 이런저런 이야깃거리를 만들 정도로 즐겼지만, 술에 약해 많이 마시지는 못했다. 그러면서도 술 마신 후의 호연지기가 있었고 비상식적이 되고 싶던 시절이 있었다.

이젠 호연지기도 쪼그라들어 소심한 상식 남이 되어 있다. 음주 횟수도 무척 줄었다. 건강을 챙기는 아내의 잔소리가 귀찮기 때문이기도 하다. 내가 생각해도 가장 상식적인 인간이 되어버렸다. 그러나 가끔 너무나 싫어진다. 너무 규격화된 나날들. 모범 가장의 틀 속에서 살아가야 하는 숨 막힘이 정말이지 싫다. 일탈이 그립다. 도시의 생활인이라면 그 누구라도 바르게 살기의 강박관념에서 벗어나고 싶으리라. 일탈을 꿈꾸리라.

며칠 전 전에 살던 동내의 병원에 정기 검사 차 아침 일찍 갈 일이 생겼다. 이웃하여 살던 딸의 집은 그냥 그곳에 있다. 교사인 딸은 출근해야 하므로 아내는 손주들 돌보느라 거의 매일 그곳엘 간다. 나도 하루만 병원 옆에 있는 딸네 집에서 자기로 했다. 살던 동내였으므로 지인을 만나게 되어 간단히 술 한 잔 했다. 파전에 막걸리 한 병을 마셨다. 나는 무슨 술이든 한 잔만 마셔도 얼굴이 붉어진다. 그래서 낮술은 금기지만 해 떨어진 뒤였고 오랜만에 만난 동네 후배였다. 나를 본 아내는 사위에게 창피하게 그 얼굴이 뭐냐 한다. 손주들 보기에도 자기가 창피하단다. 글쎄? 4살 6살 아이들에게 술 마신 할아버지는 창피한 건가? 딸 집 문 앞에서 돌아섰다. 아내의 흔들리는 시선을 설핏 느꼈지만 무시했다.

딸은 전화 속에서 왜 가시느냐고 어서 돌아오라 했다. 처음에는 화가 나서 속이 부글부글 끓어올라 혼자라도 술집으로 들어서고 싶었지만, 그대로 전철을 타고 오는 동안 맥없이 속이 가라앉는다. 그게 바르게 사는 거로 생각하며 남편 건강 걱정하는 아내를 이해하기로 했다. 이튿날 꼭두새벽에 일어나 다시 병원을 향했다. 가면서 젊은 날 한 시절이 생각나 혼자 비실비실 웃었다. 그때는 나도 뭔가 객기가 있었는데….

벚꽃이 난 분분 흩날리던 봄의 한가운데 출근길이었다. 벚나무가 자지러지게 꽃을 피워놓은 어느 아파트 담을 끼고 돌다가 에이 쌍! 하고 핸들을 돌려 버렸다. 이 화창한 봄날에 이게 뭔가? 갑자기 무지하게 억울한 기분이 들었다. 그냥 회사 가기가 싫었다. 한참을 달려 북한산 입구 주차장에 차를 넣었다. 넥타이를 풀고 트렁크에 있던 등산화에 잠바를 입고 북한산에 올랐다. 아무 준비도 없었으므로 산 정상에서 파는 막걸리 한 통을 건빵을 안주 삼아 점심으로 대신했다. 평일 이어서 등산객도 별로 없었고 내려다보이는 세상이 가소로웠다. 오르는 취기 속에 산 아래에다 대고 소리를 고래고래 질렀다.

"야 이놈들아 잘들 살아라. ㅇ빠지게 열심히 살아라. ㅇㅇ놈들아."

그리곤 그대로 벌렁 누워 버렸다. 치기 어린 행동이었지만 속이 후련했다. 뭔가 막힌 것이 뻥 뚫린 기분이었다.

바르게(?) 살려고 정말 애쓰며 살았다. 근면 성실 절약을 신조로 남에게 손가락질 받지 않는 사람이 되려고 노력했다. 그런 내 인생에 만족하는가? 아니다. 스콧처럼 그렇게 개념 없고 대책 없이 살기는 싫지만, 이 생각 저 생각 하지 않고 내 배짱대로 한 번 살아보고 싶다. 남의 시선에 구애되어 바르게 보이려고 애쓰며 살아온 세월이 숨 막힌다. '바르게 살아가기.' 정말 어렵다.

마현의 강, 다산 그리고 나

뾰로롱 뾰로롱 맑은 새소리에 눈을 뜨니 창밖이 환하다. 태풍의 여파로 요 며칠 계속 흐리더니 투명한 가을 하늘 아래 맑고 상쾌한 아침이 찾아왔다. 베란다에 내어놓은 화분들 속에서 이름 모를 작은 새가 경계하듯 좌우로 머리를 돌리고 꼬리를 까딱까딱 위아래로 흔들며 화분 속을 쪼아댄다. 먹이라도 찾는 것인가 보다. 그 모습이 예뻐서 가까이 다가가니 푸르르 소리와 함께 아침 햇살 속으로 날아가 버린다.

아쉬운 마음을 뒤로하고,
"여보, 오늘 어디라도 갈까?"
하고 아침준비로 바쁜 아내에게 말을 걸어보니,
"좋지요~ 근데 오늘 토요일인데 길 막히지 않을까?" 한다.
좋기는 한데 차량정체가 걱정인 모양이다.

"괜찮을 거야. 애들 데리고 가까운 데 다녀옵시다." 하고 대답했다.

실은 며칠 전에 엔진오일을 교환하며 이젠 나와 함께 늙어가는 나의 애마를 대대적으로 손을 보고 나니 어딘가로 드라이브라도 하고 싶던 참이었다. 아내는 신이 나서 딸에게 전화하고 시간 약속을 한다. 둘만의 나들이보다는 손자 손녀를 데리고 가는 것이 더욱 즐거울 아내의 마음은 내가 더 잘 안다.

팔당 호반을 지나가는 강변길은 그렇게 붐비지 않았다. 늦여름과 초가을 사이의 계절이라 그런지 나들이 나온 사람들도 그다지 많지 않아 보였다. 옛 기억을 떠올리며 철교 밑을 돌아 우회전하여 마현으로 들어섰다. 입구부터 전에 왔던 때와는 많이 달라져 있고 지금은 경기도 남양주시 조안면 다산로라는 지명으로 불리는 이곳이 나에게는 그냥 마현으로 남아있다. 벌써 이렇게 세월이 흘렀나? 그러고 보니 툭하면 찾아오던 이곳을 8년 전 벚꽃이 만개한 그 봄날에 큰 동서 내외와 다녀간 후로는 오지 못했다. 그만큼의 세월을 나는 병마와 싸우며 또 이런저런 생활의 고달픔으로 팍팍하게 지나온 것이다. 회한이 슬며시 고개를 들며 마음이 무거워지려 하지만 이제는 지나간 일! 마음을 돌린다.

"할아버지 저거."

손녀가 솜사탕이 핑크빛 솜뭉치처럼 피어있는 자전거를 손가락질한다. 손자 손녀에게 솜사탕 한 개씩 안겨주고 다산문화관을 거쳐 유적지를 둘러보았다. 자주 찾아오던 십여 년 전보다 실학박물관 등 신축건물이 많이 늘었고 유적지 앞길도 포장하여 가로등으로 장식해 놓았는데 그 옛날의 풍취가 사라진 것 같아 도리어 아쉬웠다.

다산 정약용 선생, 1762년 이곳 마현에서 태어난 조선 후기를 대표하는 사상가이자 실학의 대학자. 서학에 대한 호기심으로 천주교를 받아들여 요한이라는 세례명까지 받지만 믿음에는 깊이 빠지지 않았다. 그러나 선생은 평생 천주학쟁이라는 꼬리표를 달고 살아 1801년 신유사화를 겪으며 인생의 원숙기에 강진에서 유배생활을 시작한다. 귀양살이하는 대다수 선비가 음풍농월과 임금님에 대한 사모의 정을 노래하고 중앙정계로의 복귀를 기다리며 지내지만, 그는 유배지의 곤궁함 속에서도 뜻을 세워 학문을 완성하고 백성을 생각한다. 1819년 길었던 강진 유배생활에서 고향 마현으로 돌아온 그는 못다 한 학문을 조용히 마무리 지으며 자신의 생을 정리한다. 정조를 보필하며 중앙 정계에서 승승장구하던 때보다 더욱 값지고 위대한 귀양살이였고 품위 있는 말년이었다.

다산이라는 호는 유배지에서 얻은 것이고 고향 마현에서 말년을 보낼 때는 생가의 당호를 따라 호를 여유당이라 하였다. 본디 여유당은 노자의 '망설이면서與 겨울에 냇물을 건너는 것같이 주저하면서猶 사방의 이웃을 두려워한다.' 라는 구절에서 따온 말이라 하니 여유당을 당호로 삼은 것은 선생이 자신을 총애하던 임금 정조가 없는 세상을 두려워하고 경계했음을 말해준다. 그러나 이곳은 독서와 침잠하기에 알맞고 내려다보이는 경치도 좋아 말년의 선생은 안정과 여유를 누렸으리라.

선생이 태어난 생가는 홍수에 떠내려가고 지금의 건물은 1975년에 복원한 것이라 한다. 평소에는 실내까지는 출입이 금지된 곳인데, 마침 다산선생을 기념하는 다도체험 행사가 있어 우리 가족 모두가 선생의 체취가 느껴지는 생가 사랑방에 앉아 차를 마시며 선생을 기려보기도 했다. 생가 앞에는 배다리가, 기념관에는 거중기와 녹로가 모형으로 만들어져 전시되어 있었다. 정조의 명으로 수원성을 축성할 당시의 발명품들이다.

"여기가 정약용이라는 훌륭한 할아버지가 태어나신 곳인데 배다리는 많은 사람과 물건을 한꺼번에 옮기기 위해 강에 배를 나란히 띄우고 그 위에 널빤지를 깔아 만든 것이고, 거중기와 녹로는 성을 쌓을 때 무거운 돌을 높은 곳으로 옮기기 위해 만드신 거야."

아이들에게 조곤조곤 설명하는 딸을 보며 세월의 빠름을 느낀다. 그 옛날 우리 부부도 지금의 너와 같이 너를 그렇게 정성으로 키웠는데. 이제는 다 커서 아이 엄마가 되어 또다시 제 자식 키우기에 열심이구나. 딸의 어린 시절이 떠오르며 슬며시 웃음이 나온다.

유적지를 나와, 벌써 꽃은 없어지고 연잎만 무성한 연못을 돌아 자주 가던 강변의 음식점으로 발길을 돌렸다. 음식맛도 맛이지만 그곳에서 바라보는 팔당호의 경치가 너무 좋아 꼭 들르던 곳이기 때문이다. 강변의 테라스에 자리 잡고 앉으니 팔당호의 그림 같은 정경이 한눈에 들어온다. 이곳만큼은 옛 자취가 남아있는 것 같아 내심 반갑다.

북한강과 남한강이 이곳에서 만나 하나의 강줄기를 이루는데 양수리, 두물머리, 등 인근의 지명은 두 물줄기가 만나 하나가 된 데서 나온 지명이다. 식수원으로 쓰기 위해 강을 인공의 댐으로 막은 곳이지만 강폭이 마치 호수처럼 넓고 잔잔하며 팔당호라 부른다. 호수는 거울같이 잔잔하여 물가에 조금의 잔물결도 일으키지 않았다. 고즈넉이 엎드려 있는 앞산의 자태가 호수에 드리워져 한 폭의 산수화를 보는 듯하여 세상 온갖 시름을 다 잊게 한다. 정약용 선생도 생전에 이 정경을 보면서 자랐을 것이다. 이 수려한 풍경을 보며 선비의 기상을 기르셨을까? 손주들은 강가에서 물수제비뜨기에 여념이 없다. 호수의 풍경과 어울려 이것도 한 폭의 그림이다.

이제는 잘 기억도 나지 않는 젊은 시절, 우연히 읽은 책에서 선생과 선생의 고향 마현을 알게 되어 아내와 둘이 물어물어 찾아왔던 곳. 그 한적하고 유유자적함이 정말로 좋았던 곳. 해질 녘까지 강가에 앉아 있으면 그 어스름이 찾아오는 어둠과 강가에 반짝이던 작은 불빛. 그 속에서 아내와 나누었던 수많은 희망의 대화들.

어렴풋한 기억과 함께 마냥 경치에 취해 있다가 까르르 웃는 아이들의 웃음소리에 퍼뜩 정신이 든다. 그때도 좋았지만 지금도 좋다. 세월은 흐르고 아이들은 자라겠지, 아이들을 데리고 또 오고 싶다. 와서 선생을 기리고 이곳 강가에 앉아 시심에도 젖어 볼 것이다.

꽃길

2010년 봄, 첫 중간고사를 치르고 돌아오던 귀갓길이었다. 만감이 교차하여 고개를 숙이고 걸어오던 그 길섶엔 온갖 꽃들이 흐드러지게 피어 있었다.

지하철역에서 집까지 오는 길은 완만한 오르막길이다. 아파트 담을 따라 벚꽃이 만개했고 인도의 길섶엔 철쭉이 꽃망울을 터트리기 시작했다. 상념은 끝없이 이어지고 막 피어나기 시작하는 철쭉을 쓰다듬으며 올라오는 길에는 봄볕이 따사롭게 내리비쳤다. 바람이 휘~이 불어 벚꽃 잎이 눈송이처럼 흩날렸다. 흩날려 떨어지는 벚꽃 잎을 바라보는 두 눈에 눈물이 맺혔지만, 그냥 슬그머니 웃고 말았다. 첫 시험이라 더욱 감상적이었던 것 같다.

1980년대 말부터 이십여 년 방송통신대학이 있는 대학로 옆 연건동에서 일본의 섬유회사를 상대로 디자인실을 운영했었다.

그때 일어 일문학과가 있었다면 시간을 내서 다녀보고 싶었지만, 그때엔 일본 관련 학과가 없었다. 그 뒤 바쁘게 사느라 잊고 있었는데 2009년 겨울, 우연한 기회에 방송대에 일본학과가 개설되어 있는 것을 알았다. 이번에야말로 제대로 공부해 보리라 마음먹고 입학준비를 하던 어느 날 아침, 화장실에서 대변을 보고 뒤처리를 하려고 엉거주춤 일어나던 나는 잠시 멍하니 변기 속의 붉은 물체를 들여다보고 있었다.

"여보 변에 피가 섞여 나오네?"

무심히, 그러나 힘없는 목소리로 중얼거렸다. 치질일 가능성도 있지만 피 색깔로 보아 장 출혈 같다며 잡아끄는 아내의 손에 끌려 출근도 못 하고 길 건너 원자력 병원으로 갔다. 내과에서 여러 가지 검사를 받고, 며칠 후 받은 판정은 대장암 3기였다. 1998년 위암 수술을 받아 배에 수술 자국이 아직도 선명한 나는 '뭐 이런 일이 다 있나?' 하면서도 한편으론 무덤덤한 기분이었다. 이대로 죽어도 별로 억울할 것 같지 않았지만, 순리대로 외과에서 수술 날짜를 잡았다.

"간만에 공부 좀 하렸더니, 어떻게 할까?"

모호한 웃음으로 아내의 의견을 물으니 자기는 만류하고 싶지만, 당사자 의향대로 하란다. 이왕 하고자 했던 일이니 가는 데까지는 가보자는 심정으로 제반 서류를 떼어다 입학원서를 제출하고 온 세상이 축제 분위기로 들떠있는 2009년 크리스마스이브에 수술을 받았다. 마취에서 깨어나자 엄청난 통증이 몰려오기 시작했다. 11년 전 대수술의 경험으로 미리 각오는 하고 있던 나였지만 몸을 움직일 수도 없을 만큼 무척 아팠다.

퇴원 후 항암 치료를 시작하기 전에 학교의 오리엔테이션 행사에 참여했다. 아내는 말렸지만 가고 싶었다. 행사는 동대문구청의 강당을 빌려 진행되었다. 우선 입학생 모두를 상대로 전체 오리엔테이션이 있고 난 뒤 학과별로 따로 진행되는 순서였다. 식당 음식을 먹을 수 없는 처지이니 찐 고구마와 익힌 토마토 그리고 보온병에 보리차를 가져갔다. 일본학과 오리엔테이션에 참가하면서 그것들을 먹고 마시는데 왜 그렇게 눈물이 나던지….

청춘의 69학번이던 내가 한 세기가 지나 늙고 병든 10학번이 된 거다. 그 풋풋하던 젊은 시절과 지금의 내가 대비 되었다. 신입생들은 갓 고교를 졸업한 10대 후반에서 70대로 보이는 노인들까지 연령대도 다양했다. 뒤늦게 향학열에 불타 전국에서 모여든 아저씨 아줌마들이 두 눈을 반짝이며 오리엔테이션 내용을 경청하고 있었다.

항암 치료는 보름에 한 번씩 열여섯 번의 예정으로 진행되었다. 아침에 병원의 치료실로 가서 지루하게 항암 주사를 맞고 돌아오는 거다. 거기 있는 투약자 대부분이 TV 시청과 잠으로 소일한다. 하지만 나는 공부를 해야 하기에 그럴 수가 없었다. 병원에 갈 때 그날 공부할 책을 가지고 간다. 1학년의 일본어는 따라가기에 충분했고 교양과목은 수수했으며 일본학개론 등은 무척 재미있었다.

항상 방실방실 잘 웃고 다니는 담당 간호사가 늘 책을 보는 나에게 호감을 보였다. 사정을 이야기하고 시험 준비로 공부하는 거라 하자 엄지를 추어올리며 더욱 예쁘게 웃어 주었다. 항암 치료가 끝나고 집에 오면 구역질이 나는 등 힘들지만 일과 공부를 병행했다. 아내는 무리하지 말라며 걱정했지만, 회사를 정리하고 집에서 하는 일이기에 납기를 더욱 철저히 지켜 주어야 했고 기왕 시작한 공부, 뒤지기 싫었으므로 누워 있을 수만은 없었다.

일과 공부 모두가 컴퓨터를 이용하는 일이었으므로 육체적으로 힘든 일은 아니었다. 항암 치료는 보름에 한 번씩으로 힘들지만 견딜 만했다. 출석 수업은 거주지에서 가까운 학습센터에서 진행하므로 그리로 가면 되었다. 출석 수업과 시험은 학습센터에서 학과별로 치르고 학점이 큰 중간고사와 기말고사 등은 주소지별로 공립학교 교실을 빌려 치르는 형식이다. 첫 시험을 보러 가는 길은 마음마저 설레었다. 사전답사를 못 했으므로 초행길에 잘못이라도 있을까 염려되어 차를 두고 지하철을 이용했다.

시험을 마치고 돌아오는 길에 여러 가지 상념에 휩싸였다. 회사는 이런저런 사정으로 자꾸만 축소되고, 몸은 병마와 싸우는데 '마음만 젊어서 다시 공부라니,' 하면서도 내가 대견스러웠다. 우선 공부가 재미있고 좋았다. 그깟 돈이 뭐 그리 대단한가. 남에게 아쉬운 소리 안 하고 살 정도면 되지. 내가 좋아하고 하고 싶은 공부 열심히 하며 살자. 내 일과도 밀접한 일본이라는 나라를 공부하는 것이 얼마나 유익하고 좋은 일이냐. '배부른 돼지보다는 배고픈 소크라테스가 낫다'는 말도 있지 않으냐고 지금 내 처지를 자위하며 돌아왔다. 그렇게, 일과 공부를 병행하며 팔 개월에 걸친 항암 치료를 끝냈다. 그 뒤로도 정기검사 후 담당의와의 면담 때는 혹시 재발하지 않나 하여 가슴을 졸였다. 그러나 해마다 무사히 새로운 봄을 맞을 수 있었고 가지마다에 새롭게 돌아온 새 생명은 환호하며 나를 반겼다. 병도 완치판정을 받았고 졸업도 했다.

그 꽃길에 다시 봄이 오고 있다. 개나리 진달래 목련 벚꽃 철쭉 영산홍들이 차례대로 피어나 나를 축복해 주는 듯하다. 마음이 선해진다. 오래도록 이 꽃길을 걷고 싶다.

7일 간의 단절

후배 J 부부와 생맥주 전문점에서 만났다. 미녀의 허리처럼 늘씬하고 상체가 풍만한 잔에 거품이 소담스러운 크림 맥주를 주문했다. 막 맛있게 한 모금 들이키는데 전화기가 부~ 하고 낮은 소리를 낸다. 아까부터 계속되는 단톡방의 울림을 J 부부와 만남의 인사부터 하느라 놔두고 있었다.

'카톡이 안 돼요' '전등이 흔들려요' 'TV가 움직여요'

카톡방에 난리가 났다. 이게 뭔 소리지? 하며 계속 읽어나가는데 경상도 어디에서 지진이 났단다. 흔들림이 여기저기서 많이 느껴진단다. 가게 안의 TV를 보니 프로야구 중계가 한창이다. 지진에 대한 방송은 자막 한 줄 없다. 같은 시간대에 우리가 있는 곳에서는 전혀 지진의 느낌이 없다. 우리는 그렇게 만남을 즐기고 낼모레로 다가온 추석 덕담을 끝으로 헤어졌다.

아침에 일어나 습관대로 열매를 데리고 산책길에 나섰다. 휴대전화가 보이지 않아 조금 찜찜했지만, 변 봉투만 챙겨 들고 그냥 나섰다. 돌아오자마자 집안을 샅샅이 찾아보았지만, 눈에 띄지 않는다. 집 전화로 통화를 해보니 전원이 꺼져 있다. 할 수 없이 그냥 집을 나서 오전에 평론 강의를 듣고 오후에는 운동하고 그 맥줏집엘 가 보았다. 실은 조바심이 나서 점심때도 가 보았지만, 술집이라 문을 늦게 여는지 닫혀 있었다. 다시 간 5시경에 문은 열려 있었고 손님은 딱, 한 테이블인데 어제 우리가 앉았던 자리에 앉아있다. 저 밑 어디에 떨어진 건 아닐까?

점원은 서랍 등을 살펴보고 내 부탁으로 그 테이블 밑도 살폈지만 없었다. 주인과 밤 당번 점원에게도 연락해 보았지만, 통화가 안 되는 모양이다. 밤에 다시 와 보기로 하고 돌아왔다. 그렇게 하루가 갔다. '이놈이 어디 간 거야?' 혹시나 하는 마음에 전화를 해보니 전원은 계속 꺼져있다. '야 이거 심각한데? 드디어 이 녀석이 나를 버렸구나!' 비로소 사태의 심각성이 느껴진다. 그간 몇 번이나 잃고 찾기를 반복한 놈이 드디어 내 곁에서 떠나간 것 같았다. 내 실수로 잃어버리고도 생명도 없는 전화기에 대고 푸념을 하는 내가 우습다. 밤에 맥줏집에 전화해 보았지만 역시 허사였다. TV에서는 어제의 지진 뉴스로 야단법석이다. 진앙은 경주였다.

'에이 참 술도 별로 안 마셨는데 어디로 간 거야?' 술 탓인 것만 같아 기분도 개운치 않다. 전화기는 다시 사면 되겠지만, 그 안에 저장된 정보는 어찌 하느냐 말이다. 번호를 다시 알 길이 없는 사람들은 이 세상에서의 연락은 영영 마지막인 셈이다. 바로 소식을 주고받아야 할 곳도 몇 군데 되는데 참 난감했다. 그러면서도 이 참에 전화기 없이 한 번 살아볼까? 나와 연결된 그들과 나는 과연 누가 더 답답할까? 하는 묘한 기분도 들었다. 전화기가 없으니 일단 책 볼 시간이 많아져서 좋았다.

추석 전날 아침, 혹시 중간에 떨어져 하수도 구멍에라도 처박혔을지도 모른다는 말도 안 되는 기대를 하며 열매와의 산책길을 역 쪽으로 잡았다. 전화기 없는 세상을 혼자 살아보자는 엉뚱한 생각을 하면서도 발길은 전화기를 찾아가는 거다. 그제 밤 후배 부부와 걸어온 길을 되짚어 내려가며 길가와 하수도 등을 유심히 살폈지만 있을 리가 만무했다. 예상한 일이므로 별로 실망스럽지는 않았다. 전화기 없이 살아보자던 생각은 저만치 사라지고 이제 어떤 전화기를 사서 잃어버린 정보를 어느 정도나 복구할 수 있을까? 추석 연휴에 전화기 가게는 문을 열까? 하는 등의 현실적인 생각으로 머리가 복잡했다.

생각을 떨치려고 책을 들었는데 거실에서 아내의 통화 소리가 들린다. 보통 때 지인과 통화하는 느낌이 아니다. 책을 덮고 거실로 나서니 마침 통화를 끝낸 아내가 싱긋 웃으며 전화기 가진 사람과의 통화였단다. 부천역 화장실에서 습득했다니 발도 없는 녀석이, 태릉에서 멀리도 갔다. 습득자의 예기로는, 충전 후 살펴보니 예쁜 우리 마눌님이 보여 그 번호로 연락했단다. 아내를 이름으로만 등록했다가 예쁜 이름으로 해달라는 협박성 요구에 못 이겨 바꾼 것인데 아내를 잘 나타내주는 효과를 보았으니 잘한 일인 것 같다.

추석이라 고향에 다녀와서 다음 주 월요일에 택배로 보낼 테니 사례비를 달라고 했단다. 그깟 사례비야 얼마든지 주겠지만, 전화기 없이 일주일을 지내야한다. 이제 주위의 지인들과 단절된 한 주를 보낼 것이다. 예전 같으면 상상이 안 되는 소통단절의 불편함이 있다. 휴대전화 없이도 잘만 살았는데 이제는 그놈 때문에 가까운 지인들의 전화번호조차 못 외운다. 문명의 이기라지만 그놈에 대한 의존도가 너무 심각하다. 갑갑증이 일어난다. 월요일에 받아볼 전화기에는 어떤 내용이 저장되어 있을까? 전화기 없이 지내는 한 주는 어떤 느낌일까?

추석 다음 주 화요일에 전화기가 돌아왔다. 문자들이 꽤 담겨 있었지만, 시간을 다투는 중대사는 없었다. 나 없이도 세상은 잘만 돌아가고 있는 거다.

남편 독립 만세

인생 백세시대가 왔다. 불과 4~50여 년 전만 해도 60을 넘으면 장수 하셨다고 환갑잔치를 했다. 그러나 요즘 60 넘게 살았다고 환갑잔치 하겠다고 하면 이상한 사람 취급 받기 십상이다. 나도 가족들과 강남의 어느 일식집에서 밥 먹고 가까운 일본으로 여행 다녀왔는데 산뜻하고 만족감도 높았다. 다른 이들도 대충 이런 모습으로 환갑이라는 통과의례를 치르지 않을까 싶다.

장년에서 노년으로 들어서는 이 시기에 남자들은 많은 변화를 겪는다. 우선 극히 일부를 제외한 남자 대부분이 60을 전후로 평생 몸 바쳐 일하던 직장이나 현업에서 물러나는 경험을 하게 된다. 아침 먹으면 집을 나서는 것이 하루의 시작이었는데 갈 곳이 없어진 것이다. 퇴직 후 바로는 퇴직기념 여행이다, 인생 이모작의 설계다, 부산을 떨지만, 그도 잠깐이다. 길어야 1년이다.

나이가 들어가며 여자들은 체내에서 남성호르몬이 나와 씩씩해지고 남자들은 여성호르몬이 분비되어 점점 여성화한다고 한다. 갈 곳 없어진 남자들은 집에서 지내는 시간이 길어지고, 남편 내조와 자식 뒷바라지가 마무리 되어가는 주부들은 슬슬 밖으로 나돌기 시작한다. 소위 성공했다는 놈들 설치는 꼴 보기 싫어 나가던 동창회도 발길이 뜸해지는 남편들에 비해, 여고동창 모임이다, 종교모임이다, 문화센터 취미활동이다, 부인들은 하루하루가 너무 바쁘다. 낮 시간, 남편이 현역일 때는 집에 없으니 눈치 볼 일도 없었는데, 이제 본격적으로 사회생활 좀 하렸더니 퇴직한 남편이 소파에 좌정하고 앉아 이거 해 달라 저거 해내라 불편하게 하기 시작하는 것이다.

예전에는 60이 넘으면 잔치를 할 정도로 우리나라 남자들의 수명이 짧았다. 치매 같은 거 걸릴 틈도 없이 가장의 도리만 다하다 저세상으로 가는 거다. 홀로 남은 부인에게는 자연 남편에 대한 그리움과 좋은 기억만이 남을 수밖에 없다. 자연 터프함의 대상은 며느리가 된다. 고초당초보다 맵다는 시집살이가 시작되는 것이다. 남편들의 입장에서는 일찍 죽어서 좀 억울하고 아쉽긴 하지만 그때가 남자답고 대우 받는 삶이었다.

신혼 시절을 거치며 약 30여 년, 부인들은 저 잘났다고 나돌아치는 남편들에게 대부분 순종하고 산다. 어쨌든 가정을 위해 전쟁터 같은 사회에 나가 돈 벌어 가족을 부양하는 가정의 기둥인 것이다. 그러나 이제 돈도 못 벌면서 3~40년을 뒤치다꺼리 해주어야 하는 남자들은 애물단지로 전락할 수밖에 없다. 부인 입장에서는 스트레스 제공자일 뿐이다. 밖에 볼일이 산적해 있는데 집안에 들어앉은 남편에게 삼시 세끼 해 바치고 싶겠는가? 예전에 며느리를 대상으로 풀던 그 터프함이 이제는 제일 가깝고 무관한 남편을 향하는 것이다. 말대꾸도 예사고 자기주장을 굽히지 않는다.

세간에 떠도는 삼식이 시리즈 등, 남편의 처지에서 보면 정말 유쾌하지 않은 온갖 유머가 그래서 생겨나는 거다. 실제로 내가 다니는 외국어 공부반의 어느 부인이 집에 있는 남편 점심 때문에 방과 후의 식사 모임을 자주 빠지자 다른 부인이 어찌 그러고 사느냐며 한심해 하는 걸 보고는 고소를 금할 수 없었다. 내 친구들도 공직이나 회사에서 고위직에 있던 친구들은 집사람과의 관계가 원만치 못하다. 친구 부인들이 해다 바치기만 바란다며 싫어한다.

나도 처음에 주방에 들어가는 것이 무척 어색했다. 그곳은 나의 공간이 아니었다. 가부장적 분위기가 살아있던 시대에 유년시절을 보낸 나는 남자가 부엌에 들어가면 고추 떨어진다. 는 소리를 들으며 자랐다. 결혼해서 가정을 꾸렸을 때도 우리 집 뿐만 아니라 대부분 전업주부였던 부인들은 남편 건사에 정성을 다했다. 식사문제뿐이 아니다. 대부분, 남편보다 사회경험이 적은 부인들은 순종적이었고 헌신적이었다. 그러나 세월이 지나고 세상은 바뀌었다. 유교논리가 통하던 시대가 아니다. 여성 상위의 백세시대가 된 것이다. 이제는 부인을 밥이나 해다 바치는 자신의 비서나 가사 도우미쯤으로 여겨서는 곤란하다. 가사의 굴레에서 여자들을 해방해 주어야 한다. 인격적으로도 존중해 주어야 한다. 그래야 우리 남편들이 대접받는다.

요리, 그까짓 것 별로 어렵지 않다. 요리학원 안 다녀도 된다. 요즘이 어떤 세상인가? 렌지에 데우고, 물 붓고 끓이기만 하면 먹을 수 있는 온갖 요리가 마트에 천지로 깔려있다. 하려고 맘만 먹으면 얼마든지 자기 좋아하는 것 만들어 먹을 수 있다. 밖에 나갈 일도 많이 만들어 될 수 있는 대로 집에 안 있는 게 좋다. 부인들이 그렇게 열심인, 친구 만나기, 취미활동, 종교활동, 운동, 하려 들면 남자들이 더 잘한다. 왜 집에 들어앉아 부인만 들볶는가?

남편들이여 부인들로부터 독립하자. 그녀들의 영향력에서 벗어나자. 부인들에게 자유를 주자. 그러다 보면 서로가 같이 하고 싶은 때가 반드시 찾아온다. 그때 갖는 둘만의 시간은 더욱 의미있고 달콤하지 않겠는가?

나는 방울이다

제가 태어난 곳은 알 수가 없어요. 알에서 부화하여 며칠 만에 서울의 초등학교로 이사 왔거든요. 조그만 새장 속에서 바라본 교실에는 언니 오빠들이 신기한 듯 나와 내 동무들을 들여다 보고 있었어요. 내 동무들은 까만색도 있고 노란색도 있었어요.

선생님은 일곱 마리나 되는 우리들 가운데에서 나를 들어 올리고는,

"이것은 오골계란다. 오골계는 이렇게 색이 까만 것도 있고 흰 것도 있는데 까만 것은 오계라고도 한단다. 색이 흰 것도 살과 뼈는 모두 검은색이라 오골계라 하지."

하며 설명을 하셨지요. 이곳은 생명과학 교실로 공부가 끝나고서 우리는 언니 오빠들에게 한 마리씩 나누어졌는데 나는 눈매가 초롱초롱하고 호기심 많아 보이는 언니의 품에 안겼어요. 선생님은 예방주사도 놓았으니 안심하고 키워도 된다고 하셨죠.

언니 품에 안겨 온 집에는 할머니만 계셨는데 나를 보시더니 무언가 난처한 표정을 지으시더군요. 언니는 막무가내로 키우겠다고 하고 할머니는 할아버지가 허락하셔야 한다고 조건부 허락을 하셨어요. 신이 난 언니는 어떤 이름이 좋을지 할머니에게 물었고 '글쎄 어떤 이름이 좋을까?' 하고 생각하시는데,

"아 방울이로 하자 방울이, 너무 예쁘잖아, 그치 할머니?"

하며 언니가 금방 이름을 지어 주었죠. 저도 방울이라는 이름이 너무 좋아 구름 위에 두둥실 뜬 기분이었어요. 저녁에 돌아오신 할아버지에게도 승낙을 받은 언니는 커다란 종이 상자로 내 집을 지어주고 '방울이 집'이라고 문패까지 달아 주었답니다.

학교에는 사육장도 없다는데 하마터면 오갈 데 없는 신세가 될 뻔했던 나는 언니에게 감사하며 일찍 잠이 들었답니다. 오늘 하루가 너무 피곤했거든요. 토요일 날 언니의 아빠가 다시 더 좋은 집을 지어주시고 횃대까지 얹어 주셨어요. 나는 이제 맨바닥에서 잠을 자지 않아도 된답니다. 언니와 언니의 남동생인 오빠는 나와 잘 놀아 주었어요. 학교와 유치원이 파해서 집에 돌아오면 나를 꺼내 손바닥 위에 올려놓고 쓰다듬기도 하고 거실에 내려놓고 '방울아, 방울아' 하며 뛰어다니면 나는 작은 날개를 파닥이며 쫓아다니곤 하죠. 처음엔 바닥에 카펫이 깔렸었는데 내가 그 위에 몇 번인가 실례를 한 후 할머니가 질겁하시고는 치워 버리셨어요.

카펫이 있을 때는 뛰어다니기 쉬웠는데 그것을 치우자 맨바닥이 미끄러워 뛰기도 힘들고 자꾸 넘어진답니다.

언니는 맛있는 모이도 잘 주고 나와 조심조심 놀아주는데 오빠는 높은 데서 날려 보기도 하고 손으로 꽉 쥐기도 해서 아프고 귀찮답니다. 하루는 소파 위에서 거실 바닥으로 날리는 바람에 다리를 삘 뻔했어요. 날개를 아무리 파닥여도 바닥에 심하게 부닥쳐서 너무 아팠던 나는 밤새 '삐악삐악' 울었답니다. 아파서 바닥에 웅크리고 가만히 있는 나를 본 언니가,

"엄마 방울이 죽으려나 봐 움직이지를 않아."

하고 저녁 드시는 엄마에게 우는 소리로 도움을 청했답니다. 자꾸 바닥에다 똥을 싼다고 싫은 소리를 하시는 할머니 눈치가 보이는지 언니엄마는 죽으면 산에다 잘 묻어 주자고 언니를 위로합니다. 정말 그날은 너무 힘들어 움직이지도 못하겠더니 자고 나니 조금 나아졌어요.

언니네 아빠는 회사 다니시느라 몹시 바쁘시고 엄마는 언니가 다니는 초등학교 선생님이신데 방과 후 부장이라는 직책까지 맡아서 아빠 못지않게 바쁘신가 봐요. 직장생활에 바쁜 엄마 아빠를 위해 할머니 할아버지가 언니 오빠를 돌보시는데 거기다 내 뒤치다꺼리까지 하시려니 힘이 드신다고 하시네요. 나도 새인지라 변

을 참지를 못해요. 잘 날기 위해 몸을 가볍게 해야 하니까 수시로 똥을 쌀 수밖에 없는데 내가 점점 커가면서 변의 양과 횟수도 점점 늘어나니 참, 나도 고민입니다. 내 집안에다 싸는 똥은 괜찮지만, 언니 오빠와 놀 때는 할 수 없이 거실이나 주방에 실례할 수밖에 없어요. 더욱 난처한 것은 나를 집에다 넣는 것을 잊어버리고 온 가족이 외출할 때이죠. 나는 모이를 찾아, 온 집안을 돌아다니고 넓은 집안의 여기저기에 실례해 놓는 상황이 되는 거죠. 하루는 할아버지가 내 똥을 밟으시고 어이쿠! 하고 놀라시는데 얼마나 미안 하던지요.

오골계라서 성장이 더딘 나지만 이제는 몸집도 제법 커서 언니 오빠와 더욱 신나게 놉니다. 그러나 할머니는 더욱 힘들어지신다고 자꾸 내다 버리라고 하시네요. 어느 비 오는 날 퀴퀴한 냄새를 참다못한 할머니가 정색하시고 가져다 버리라고 할아버지를 채근하십니다. 할아버지는 조금만 더 키우면 중닭이 되어 보약 감이니 그때 오골계탕 으로 몸보신 하자고 하시다가 바가지만 긁히셨죠. 평소 얼굴도 나이보다 젊어 보이시고 외모도 깔끔하시어 멋쟁이 할아버지라고 은근 좋아했는데 실망이었죠.

지금 나는 마당이 있는 곳으로 또 한 번 이사했습니다. 내 뒤치다꺼리에 힘이 드신 할머니가 가져다줄 만한 곳을 찾아내신 겁니다. 언니 오빠에게 방울이는 땅에서 살아야 한다고 그게 방울이에게도 더 좋은 거라고 설명하여 이곳으로 오게 됐죠. 언니네 집 건너편 카센터 뒷마당인데 친구들도 있어요. 수탉 한 마리 암탉 한 마리인데 덩치는 나보다 좀 크지만 내 또래로 보였어요. 우리는 땅을 파서 벌레도 잡아먹으며 마당 이곳저곳을 뛰어다니며 놉니다. 길 건너 언니 오빠는 모이를 봉지에 넣어 가져와 우리에게 줍니다.

사실은 언니가 가져오는 모이보다 땅속을 헤집어 찾아내는 벌레가 더 맛있지만 나는 언니가 올 때마다 동무들에게 자랑스러워 어깨가 으쓱해지곤 하지요. 언니 보는 것만으로도 신이 났는데 요즘은 좀 뜸하네요. 할아버지는 큰길 건너 있는 헬스클럽으로 운동 다니시는데 다니시는 길에 닭장 앞까지 오셔서 따사로운 눈길로 보고 가시곤 해요. 언니 오빠 오래 못 보는 것은 조금 서운하지만, 풀밭에서 친구들과 뛰어놀며 지내는 것이 나는 좋아요. 언니 오빠가 나를 잊은 것은 아니겠죠? 한참 안 왔으니 곧 올 거예요.

집에서 키우는 것이 어려워서 그렇게 하셨다지만 오골계는 오골계답게 살 권리가 있다고 한다면, 할머니의 선택이 옳았죠. 언제 인간의 식탁에 오를지 알 수 없는 팔자지만 시골도 아닌 서울에서 이만하면 오골계 팔자로서 좋은 거 아닌가요?

방울이가 간곳

외출했다 돌아오는 현관 앞에서 초등학교 1학년짜리 손녀가 새카맣고 조그만 새 한 마리를 불쑥 내밀었다.

"오골계야! 생명과학 시간 끝나고 선생님이 키우라고 주셨어. 내가 키울 거야! 할아버지 그래도 되지? 선생님이 예방주사까지 맞춰서 안전하대."

뒤치다꺼리가 걱정인 할머니는 손녀의 뒤에서 연방 손을 저으며 눈을 찡긋거린다.

분명 할아버지가 허락하셔야 한다고 결정권을 나에게 미룬 눈치지만 초롱초롱한 눈망울로 부탁하는 손녀에게 어떻게 안 된다 하겠는가.

"이름은 방울이야."

천진난만한 손녀의 손에 들려있는 온통 새카맣기만 한 그 새는,

"삐악삐악."

거리며 몸을 비튼다. 털이 보송보송하고 샛노란 노랑 병아리라면 몰라도 귀엽고 앙증맞은 느낌이 연상되는 '방울이'라는 이름과는 좀 안 어울리는 놈이었다.

손녀의 엄마인 내 딸도 똑같은 나이 때 병아리를 키운 적이 있었다. 학교 앞에서 팔던 것이었는데, 감별 결과 수놈이라 폐사될 처지였던 것을 그냥 얻어다 새 학년이 시작된 이른 봄, 그야말로 병아리 같던 아이들에게 판 봄 상품이었다. 그 보송보송한 노란색이 예뻐 볕 좋은 일요일에는 그 녀석을 넣어 기르는 종이상자 속을 기웃거리며 내 눈가에도 잔잔히 웃음주름이 잡히곤 했었다. 그러나 그놈은 얼마 못 가 죽어 버려 딸아이의 눈을 퉁퉁 붓게 하였다. 암수 감별 때의 스트레스로 대부분 얼마 못 가 죽는다고 한다. 나는 어린 딸과 같이 뒷산에다 정성껏 묻어 주고 좋은 나라 가라고 기도까지 해 주었다. 그것이 벌써 30년 가까이 지나 딸의 딸이 똑같은 일을 되풀이하고 있다. 그때를 상기시키며 며칠만 참자고, 투덜대는 아내를 달랬다.

아이들은 커다란 종이 상자로 집을 만들고 물과 모이를 넣어준 뒤 집 앞에 '방울이 집'이라고 문패까지 달아주었다. 학교와 유치원에서 돌아오면 꺼내어 거실에 풀어 놓는데 두 아이를 뒤뚱뒤

뚱 열심히 쫓아다니며 조그만 날개를 파닥인다. 아이들의 웃음이 집안 가득 퍼진다. 아동 정서발달에 한몫을 할 것이니 과히 나쁘지는 않다고 자위한다. 유독 손녀를 쫓아다니니 손녀는 내 방울이라며 기뻐한다. 모이를 주는 눈치가 보이면 그 조그만 녀석이 쏜살같이 달려가는 것이다. 먹이에 대한 원초적 본능 같다. 아이들은 막냇동생이라도 생긴 듯 방울아. 방울아 하며 좋아한다. 처음엔 비록 까맣기는 해도 어쨌든 병아리인지라 예쁜 느낌이 있었다. 손바닥에 올려놓고 두 손으로 가만히 잡고 있으면 따스한 온기에 나까지 기분이 따듯해지고 심장이 뛰는 발랑발랑한 느낌이 손안으로 전해져와 정을 느끼게 했다.

그런데 이 녀석이 어른들의 은근한 바람인 조기사망은커녕 무럭무럭 잘도 크는 거다. 조류의 특성상 몸을 가볍게 하기 위해 수시로 배설물을 쏟아 내는데 제 집인 상자 안은 모이와 변이 구분이 안 갈 지경이고 아이들이 돌아와 밖에 꺼내 놓으면 온 집안에 변을 실례해 놓아 어른들을 질색하게 만드는 것이다. 자칫 실수로 밟기라도 하면 그 찝찝한 기분은 말할 수 없을 정도이다. 휴지를 가지고 수시로 닦아내지만 구석진 부분에 있는 것도 있고 늦게 발견하여 말라붙은 그것들은 치우기도 쉽지 않다. 처음에 우는소리가 새소리 같다며 좋아하기도 했지만, 가끔 한밤중에 자지 않고 울어대면 그것은 소음이었다. 어쩌다 비라도 오는 날엔 퀴퀴한 냄새가 온 집안에 퍼져 냄새에 예민한 아내는 이래저래 드디어 인내심이 한계에 도달했다. 아이들이 없을 때 내다 버리란다. 아이들에겐 죽어서 산에다 묻어 주었다고 하면 된단다.

이런저런 궁리를 했다. 아이들이 상처받지 않고 처리하는 방법이 없을까? 산에다 풀어줄까도 생각했지만 들고양이나 청설모에게 잡혀 먹히기에 십상이라 안 되겠고 이래저래 좋은 생각이 떠오르지 않았다. 조금 더 키워서 중닭 정도 되었을 때 오골계탕 해먹자고 농담 반 진담 반 얘기했다가 지청구만 들었다. 그러던 어느 날 외출에서 돌아와 보니 방울이집도 방울이도 보이지가 않았다. 아내 얘기가 아이들과 같이 길 건너 카센터에 가져다주었다고 했다. 마당도 없는 집에서 자라는 것은 방울이에게도 안 좋으니 그곳에다 데려다 놓고 너희가 모이 주고 키우면 된다고 조곤조곤 설득했단다.

처음에 싫다고 뻗대던 녀석들도 일단 가보더니 좋다고 했단다. 카센터 사람도 넙죽 받더란다. 아파트 건너편 주유소 뒤쪽에 공터가 있었고 그곳에 언제부터인가 카센터가 영업 중이었다. 그곳에는 마당이 있었다. 우리와 같은 사정으로 가져다 맡겨져 주거지를 옮긴 것 같은 수탉 한 마리와 암탉도 한 마리 보였다. 아이들은 수시로 모이를 주러 그곳엘 갔다. 길을 건너는 것이 조금 불안

하긴 했지만, 누나인 손녀에게 꼭 동생과 동행하도록 잘 당부하여 같이 다니게 했다. 그 카센터는 헬스장 가는 도중에 위치해 있기 때문에 나도 운동 갈 때면 자연 닭장 쪽으로 눈이 갔다.

어느 날 운동 다녀오는 길에 보니 다 커서 암탉이 된 방울이가 마당에 나와 다른 닭들과 같이 땅을 발로 긁어대며 모이를 찾고 있었다. 반가운 마음에 다가가니 20살 중반 정도로 보이는 청년이 방문 목적을 묻는다. 오골계를 키우던 사람이라고 방울이를 가리키자 사람 좋은 웃음을 지으며 보고 가시란다. 그동안 키운 정이 들어서인지 오고가며 먼발치로라도 보고 다니게 되었는데 어느 날 보니 닭들이 한 마리도 안 보이는 거였다. 어찌 된 일이냐며 물으니 다 죽었단다. 그래서 묻어 주었노라고 말하는 그 녀석의 태도가 어쩐지 조금 어색해 보였다.

"그래요? 불쌍하네!"

하고 돌아서는 내 머릿속엔 비라도 내리던 어느 날 저녁, 술 당기는 카센터 직원들의 술자리 안주로 사라졌음이 분명하다는 생각이 맴돌고 있었다.

"할아버지 방울이 시골 갔대!"

손녀의 말에,

"아냐 아저씨네 집에 갔대!"

손자가 행선지를 고친다. 아마 그 사람 좋아 보이는 정비공 녀석이 두 아이에게 각각 다른 대답을 해 주었나 보다. 나는 불쌍한 방울이의 행선지가 분명 녀석의 뱃속이라고 짐작하지만 아이들에게는 절대로 이야기 할 수 없다. 그 아이들에겐 가족 같은 녀석이었으니까. 어른들에겐 이색적인 음식재료였으나 아이들에겐 가족이었던 방울이는 정말 어디로 갔을까?

내 손에 들어온 메디슨 카운티의 다리

일요일 저녁에 쓰레기를 버리러 단지 안의 분리수거 장소로 갔다. 월요일 아침에 분리수거 트럭이 오므로 그곳엔 분리해 모아 놓은 재활용 쓰레기들이 가득했다. 두꺼운 종이상자가 한쪽으로 수북이 쌓이고 플라스틱, 폐비닐, 우유 등의 음료 팩, 그리고 폐지를 담는 커다란 수거용 자루가 각각 놓여있다. 자루마다 가져다 버린 물건들이 가득했다. 그 자루 속에 가져온 물건들을 던져 넣던 나의 눈길이 한 곳에서 멈추었다. 폐지를 넣어둔 자루에 수북이 쌓인 책들이었다. 누군가 서재를 정리하며 가져다 버린 모양이다. 아니면 나도 경험이 있는, 집을 줄여 이사하는 가장의 슬픈 버림 일수도 있겠고.

책 욕심이 많은 나는 버리던 동작에서 줍는 동작으로 모드가 바뀌었다. 『매디슨 카운티의 다리』, 『달과 6펜스』, 『더 이상 아름다운 방황은 없다』 등등 멀쩡한 책들이 계속 내 품으로 들어왔다. 종래는 가슴에 안았던 책을 바닥에 내려놓고 탐나는 책들을 그 위에 쌓아갔다. 마치 보물 창고를 발견한 기분이었다. 한참을 그러자니 12월의 칼바람에 뺨과 귀가 얼얼하다. 골라낸 책을 들고 집에 들어갔다가 귀마개를 하고 다시 나갔다. 보물창고를 뒤져 어학 관련 책과 역사책, 소설 등 몇 권을 더 챙겨 횡재한 기분으로 돌아왔다.

책은 20여 권쯤 되었다. 한 권, 한 권 제목을 확인하며 속을 살펴 나가다가 『매디슨 카운티의 다리』의 속지에서 손길이 멈추었다. 속지의 제목 밑에 95. 4. 10라고 날짜가 적혀있고 줄을 바꿔서 그 밑에 '사랑하는 남편으로부터.' 이렇게 적혀 있었다. 20년 전이네? 이 책을 받으며 이 책의 주인이 된 부인은 어떤 기분이었을까? 사랑하는 남편으로부터 받았으니 퍽 행복한 기분이었겠지? 95년이면 내 나이 48살. 한참 일에 몰두할 시절이었다. 생일이나 결혼기념일에는 빠트리지 않고 뭔가 선물을 한 것 같은데 책을 선물한 기억은 없다.

클린트 이스트우드와 메릴 스트립이 주연한 영화 '매디슨 카운티의 다리'를 몇 번이나 보면서도 그 영화의 원작소설이 있다는 것을 안 것은 얼마 전이었다. 영화감상도 책 읽기만큼 좋아하는 나는 EBS 교육방송에서 금, 토, 일요일에 상영하는 영화들의 단골 손님이다. 토요일 새벽에 방영되는 금요극장에선 추억의 고전 명작들이, 토요일 주말의 명화 시간엔 비교적 최신작들이 방영된다. 일요일 낮에는 외국 영화, 밤에는 한국영화를 상영한다. 더빙이 아니어서 더 좋다. 마치 개인 영화관에 앉아있는 기분이다.

주말의 명화 시간에 '매디슨 카운티의 다리'를 방영한다는 것을 알고 기억해두었다가 본 것이 한 주 전이었다. 주연배우들의 명연기 속에 중년의 사랑 이야기가 가슴 아픈 여운을 남긴 명작이었다. 더욱더 원작 소설이 읽고 싶었고 구매를 생각하던 중이었는데 거짓말처럼 그 책이 내 손에 들어왔다. 20년 전 이름도 모르는 어느 부부의 따뜻한 사랑의 문자와 함께.

보통 소설책들이 250쪽에서 350쪽 사이의 분량으로 이루어진 데 비해서 이 책은 크기도 보통 책보다 작으면서도 203쪽에서 끝난다. 즉 부담 없이 손에 들 수 있다는 얘기다. 저녁을 먹고 침대에 누워 시작한 책 읽기는 새벽 5시에 끝났다. 책을 가만히 가슴에 내려놓고 이 아름답고 슬픈 중년의 불륜에 대하여 생각했다. 읽는 중에도 영화 속의 장면들이 떠오르며 몰입감이 상승했다. 로버트 킨케이드(클린트 이스트우드)가 비를 맞으며 애처로운 눈빛으로 서 있는 장면이나 프란체스카 존슨(메릴 스트립)이 남편 리처드가 모는 차의 문고리를 붙잡고 갈등하는 가슴 아픈 장면들은 책에는 다르게 묘사되어 있다. 그러나 영화이기에 표현하지 못한 부분들이 책에는 잘 서술되어 있어 이 두 사람의 사랑을 더욱 이해하게 했다. 가정을 지키기 위해 사랑을 따라가지 않는 여자와 그런 여자를 이해하고 지켜 주기 위해 죽을 때까지 만남을 단념하는 남자의 진정한 사랑을.

이 책은 묘한 헤프닝도 불러왔다. 지인들과 영화 이야기를 하다가 TV에서 방영된 이 영화가 화제에 올랐다. 이야기가 진전되어 원작인 책 이야기까지 나오고 그 중 한 여성이 관심을 보였다. 마침 막 책을 읽은 후였기에 그녀에게 빌려주었는데 속지에 적힌 그 문구를 당연하게도 내가 아내에게 써준 것으로 오해해 버린 것이다. '멋진 남편이세요'라며 웃는데 주운 책이라고 실토하기가 어색하여 마주웃음으로 얼버무리고 말았다. 이름도 모르는 그 문장의 진짜 주인공이 나를 아내에게 책도 선물하는 지성적인 로맨티시스트로 만들어 버린 것이다.

겨울이 지나고 햇볕이 따스해지는 동안 나의 '주워온 책' 읽기는 계속되었다. 햇볕이 따스한 앞 베란다에서 아내가 해바라기를 하며 화분갈이에 열심이다. 커피 두 잔 만들어서 옆 안락의자에 앉아 책을 펴들었다. 아내가 차를 권하는 내게 고개를 들고 방긋 웃는다. 봄 햇살 속에 웃는 그녀의 실루엣이 따사롭다. 책도 거저 생기고 그 위에 로맨티시스트까지 되는 횡재를 했는데 아내는 이 사실을 모른다. 언젠가 그녀도 이 책을 읽을 터인데 그때의 반응이 궁금해진다.

망자와의 산책

젊은 시절 막연히 백안시하던 망우리 공동묘지를 찾았다. 고개 마루턱 못 미쳐서 우회전하여 공원 입구로 들어섰다. 이곳을 지척에 두고도 와 볼 생각조차 하지 않았었다. 수도 없이 이 고개를 넘나들면서도 나와는 아무 상관이 없는 곳이라 치부했다. 그저 돈이나 권력과는 아무런 인연이 없는 무지렁이 민초들이 떼거리로 묻혀있는 곳이라고 생각했다. 왜 그런 생각이 고정관념으로 굳어졌을까? 이장하느라 늘 어수선하던 미아리 공동묘지 부근에서 어린 시절을 보내 공동묘지란 가난한 서민이 죽어 묻히는 곳이라 생각되던 내 무지 때문일 것이다.

'망우'라는 지명의 의미와 유래도 처음 알았다. 조선을 건국한 태조 이성계가 동구릉에 자신의 묏자리를 정한 후 돌아오는 길에 고개에 올라 눈 아래 펼쳐진 자신의 능 터를 바라보며 자신의 묏

자리를 정했으니 이제야 모든 근심을 잊겠노라고 하였단다. 그리하여 망우고개라 불리게 되었고 고개 아래 동네는 망우리가 되었다고 한다.

긴 겨울 동안 가녀린 가지 속에 움츠려 있다가 막 돋아난 어린 이파리들이 공원을 온통 연두색으로 물들여놓았다. 수필반의 문우들과 그 연초록 숲속으로 봄 소풍을 나섰다. 집을 나설 때는 사흘 굶은 시어머니 낯빛이던 하늘도 공원 주차장에 다다르니 활짝 개어 밝은 햇살이 시선을 붙잡는 기분 좋은 소풍길이다. 중랑구청의 정책 사업국장 경력이 있는 문우의 주선으로 해설사가 동반했고, 안내 책자도 받았다.

일행들은 목마와 숙녀 세월이 가면 등으로 사랑 받은 시인 박인환의 무덤을 찾아 제법 가파른 계단을 내려갔는데, 얼마 전 중국 여행 중 무릎을 다쳐 다리가 부실한 나는 같이 갈 수 없었다. 외길이니까 당연히 뒤따라오리라 짐작하고 소지한 안내 책자를 읽어가며 완만한 오름길을 천천히 걸었다. 그리고 잠시 후 걸려온 전화로 일행들은 해설사의 안내로 탐방로를 바꾼 것을 알았다. 의도하지 않았지만, 일행과 떨어져 유유자적 혼자만의 산책이 된 것이다.

사방이 온통 무덤이다. 유명인사의 묘도 45기나 된다지만 일반인의 묘가 월등히 많다. 거의 무너져 무덤인지조차 구분이 안 가는 곳부터 살아생전부터 당신의 묘를 재상의 묘처럼 만들어놓아 친척들의 빈축을 산 선산의 오촌 당숙 묘처럼 웅장하고 잘 손질된 묘까지 각양각색이다. 작지만 정성스레 잘 가꾸어진 묘를 보니, 쪼들리지는 않는 생활에 효심도 깊은 어느 소시민을 자손으로 둔 행복하고 사랑받는 조상일 것 같다. 그 반면, 정승의 묘역처럼 넓은 터에 자리 잡고도 잡초만 무성하여 피폐해진 무덤도 눈에 띈다. 망자가 돌아가실 당시에는 당당하던 가세가 세월의 흐름 속에 몰락한 어느 사연 많은 이를 자손으로 둔 무덤이리라.

이들은 모두 저마다의 사연을 안고 이곳에 잠들어 있으리라. 선산에 누워 계신 부모님이 생각난다. 바쁘다는 핑계로 벌초도 전문회사에 의뢰해 놓고 성묘도 의뢰한 벌초가 잘 되었나 확인 겸, 일 년에 한 번 갈까 말까 한 나를 반성하며 이곳에 누워있는 이들에게 이런저런 말을 걸어본다. 인생만사가 새옹지마요 한 번 가면 돌아올 수 없는 인생길이다. 죽은 뒤에 벌어질 일들을 그 누가 알리요. 본인이 죽고 나면 만사 그만인 것을. 허풍스러운 위용으로 주위의 빈축을 사던 선산의 당숙 묘도 정작 본인이 죽어 묻힐 때는 많이 축소되었다. 친척들의 눈을 의식한 자손이 주변에 묻히신 분들과 맞춰 봉분을 알맞게 낮추는 등 재작업을 한 것이다.

어느 자부심 넘치는 소시민의 묘비명도 눈에 띈다.

저 태양이 만물을 살리움 아는 한
저 화려한 꽃들은 그 뿌리의 역사로 피어났음을 아는 한
우리 가문에 불멸의 공을 쌓으시고 여기 누우신 어머니의
거룩한 모습을 길이길이 찬양하리라.

돌아가신 어머니에 대한 긍지와 사랑이 넘쳐 남을 느낄 수 있다. 내용을 읽어 가다가 문득 자존심 강하고 남에게 지기 싫어하던 어머니가 생각났다. 만년에 사업실패로 무능력해진 아버지 대신 생활전선에서 고군분투하던 생전의 어머니 모습이 떠올라 마음이 아렸다. 나는 어머니께 이런 자부심 넘치는 헌사를 바칠 수 있을까? 화장해서 아버지 무덤에 합장해드린 어머니는 아버지와는 사이좋게 지내고 계실까?

헤어진 일행들과 약속한 장소에 도착하니 정자 위 한가득 맛있는 음식들이 펼쳐져 있고 소풍 나온 어린아이들처럼 웃음꽃이 만발이다. 나도 어울려 즐겁게 먹고 마시고 이야기를 나누었다. 수많은 영혼이 말없이 누워있는 묘역 안이지만 이승에 있는 사람들은 이승대로의 삶의 즐거움이 있는 것이다. 즐거운 점심을 마친 후, 일행들이 동행을 권유했지만, 안 가본 길이기에 그들이 탐방

해온 쪽으로 방향을 잡아 답사 겸 혼자만의 산책을 이어나갔다.

해설사의 말대로 그쪽은 유명인사의 유택이 많았다. 1972년 강남의 도산공원으로 이장되었다는 도산 안창호의 묘 터를 위시해 소파 방정환, 죽산 조봉암 등과 함께 외국인의 묘도 더러 보였다. 한 시대를 신념대로 올곧게 살아온 이들이 서로 이념은 달랐다 할지라도 양지 바른 이곳저곳에 이웃하여 잠들어 계신다. 인생의 가을에 접어들어 생각이 많아지는 요즈음이다. 망자들과의 무언의 대화 속에서 과연 나는 제대로 된 삶을 살고 있나? 자기성찰을 해 본다. 남은 날이라도 주어진 여건에서 후회 없는 삶을 살도록 노력할밖에.

망우리 공원의 고인들은 모두 개화기, 일제강점기를 거쳐 한국전쟁, 그리고 빈곤 속의 생존경쟁 시대를 살았던 이들이다. 유명인의 비석은 물론이요, 무명의 서민이 남긴 비석에도 절절한 근현대사가 새겨져 있다.

산책 중 읽은 안내서의 뒷부분이 공감이 되어서 적어본다. 박인환과 이중섭, 그리고 내 친구 중성이의 형이기도 한 차중락이 잠든 무덤을 못 보고 가는 것이 아쉽다. 다음번엔 가족과 함께 찬찬히 둘러보리라 다짐하며 다시 상념에 젖는다.

나의 묘비명은 어떻게 지어 남기게 될까?

2부

책 도둑이 원하는 공간

오색약수터의 어느 펜션에서 머물 때, 책 한 권을 주인의 허락 없이 가져왔다. 고의적은 아니었지만 한 번 손에 든 책은 끝까지 읽어 버려야 직성이 풀리는 성격 때문이다. 아니다, 책 욕심이 많고, 책 도둑은 도둑이 아니다 라는 이상한 논리로 무장한 내 기초 질서 부족이 원인이다.

그날은 큰동서 내외와 우리 부부, 그리고 막내 처제가 동행한 일주일간의 여행 마지막 밤을 그곳에서 보냈다. 저녁 식사 후 로비로 나와 보니 펜션의 주인은 책을 좋아하는 사람인 듯 한쪽 공간에 작은 서가가 마련되어 있고 적지 않은 분량의 책들이 비치되어 있었다. 반가운 마음에 한 권 뽑아 들었는데 계속된 운전 탓인지 책을 읽다 설핏 잠이 들어버렸다. 그리곤 처형에게 불려서 읽던 페이지에 손가락을 끼운 채 노래방으로 갔다. 그렇게 계속 들고 다녔다. 이튿날 퇴실 때 되돌려 놓아야 했지만 반 넘어 남은 내용을 마저 읽을 욕심에 그냥 들고 온 것이다.

한해가 지나 속초 여행 때, 미시령으로 가는 것이 정상적인 코스지만 그때 허락 없이 빌려온 책을 제자리에 돌려놓기 위해 한계령을 넘어 양양 길을 택했다. 물론 오색 계곡의 불타는 단풍 구경도 겸해서다. 찾아간 펜션엔 텁석부리 주인아저씨는 보이지 않고 부인인 것 같은 중년 부인이 자리를 지키고 있었다. 책을 되돌려 놓고 나오는데 뒤가 켕기고 자꾸만 헛웃음이 나왔다. 심한 장난을 치고도 용케 들키지 않은 어린아이 같은 기분이었다. 남자 주인장이 있었으면 사연을 털어놓고 파안대소 했겠지만 끝내 사연을 이야기하지 못했다.

회사를 할 때도 사무실 옆 공간에 작은 서가를 만들어 집에 있던 책과 지인들이 버리는 책들을 받아다 꽂아 놓곤 흐뭇해 했었다. 때때로 신간도 사다 놓고 보람되게 꾸려간 경험이 있다. 친한 후배 회사에는 우리보다 규모가 큰 도서실이 있었는데 내가 사다 준 책도 몇 권 있었지만 아마, 읽다 들고 온 책이 더 많을 것이다. 어디를 가든, 주변에서 읽을거리를 찾는 버릇대로 병원 대기실, 은행, 영화관의 북 카페 등에서 독서를 한다. 병원이나 은행은 가벼운 잡지 종류여서 잠깐 읽다 두고 오지만 북 카페의 책은 읽다 들고 오기도 한다. 물론 반납은 철저히 지킨다.

전에부터 도서관도 활발히 이용한다. 요즘은 전산화가 잘 돼 있어 회원 등록만 하면 대출카드 한두 개로 서울 시내 전 도서관과 주민 센터 도서관 이용이 가능하니 정말 좋은 세상이다. 요즈음 인문학 강의를 들으러 주에 한 번씩 안국동엘 나간다. 운현궁 옆 여대 뜨락이 내려다보이는 곳에 강의실이 있다. 가는 길인 안국역 4번 출구를 나서면 일본 대사관 공보문화원이 있다. 일본을 알리는 각종 행사가 벌어지고 영화관과 도서관도 있다. 일본문화에 관심이 큰 나에겐 보물창고를 발견한 기분이었다.

처음엔 무리하게 어려운 책에도 도전해 보았지만, 요즈음은 중학생 상대 정도의 책이나 하이쿠 선집 등을 빌려본다. 그런데 은근히 보수적인 일본의 행정제도 탓인지 아니면 IT 기술이 우리나라에 뒤처져서인지 도서대출 업무를 전부 수기로 하는 거다. 이와이 순지 감독의 영화 러브레터 속의 도서 대출 장면 그대로다. 종일 펜 마우스를 쥐고 작업을 해서인지 방아쇠 증후군에 걸려 글쓰기가 질색인 나는 그 과정이 번거롭다. 직원은 당연히 대필도 안 해준다. 억지 춘향으로 그 하기 싫은 일을 반복하다 지금은 독서실 안에서만 본다. 자연 보던 책은 읽다 말고 두고 오는데 아쉬움이 크다. 국력이 충분한 나라가 왜 전산화를 안 하는지? 아쉬울

뿐이다.

이번 여름 기록적인 폭염에 극장을 자주 찾았다. 냉커피 한 잔에 영화 한 편이 피서에는 그만이다. 옆에는 북 카페도 있어 보고 싶은 책도 맘껏 볼 수 있다. 그런데 영화가 시작되면 보다가 그대로 들고 오는 내 버릇이 문제이다. 대출제도가 안 되어있는 곳에서 아무리 돌려는 준다지만 허락 없이 가져오는 행위는 불법이다. 책 도둑도 도둑은 도둑일진데 이러다 크게 망신 한 번 안 당할지? 이제 그만 버려야 할 버릇이다.

보던 책은 그냥 가져다 보고 내 책이라도 다 본 책은 가져다 놓는 그런 열린 독서 공간이 있었으면 좋겠다. 쓸데없는 책 좀 내다 버리라는 성화에 시달리는 내게는 맞춤한 공간인데 말이다.

여보 우리 왜 이래?

"따르릉, 따르릉"

편안한 일요일 아침의 정적을 깨고 전화벨이 요란히 울린다. 집 전화는 번호가 1004번이어서 말을 예쁘게 하는 이는 '천사의 집'이라고 좋게 불러준다. 하지만 걸려오는 전화의 대부분은 아내의 전화이기에 나는 잘 받지 않는다. 특히 번호 탓인지 일요일에는 교회냐고 묻는 전화가 많아 전화대응에 서툰 나는 자주 짜증을 내곤 한다.

아내가 주방에 있는지 벨이 계속 울려도 받지를 않기에 할 수 없이 내가 받았다. 세탁소에서 걸려온 전화였다. 그런데 전화내용은 세탁물에 관한 것이 아니었다.

"사모님 자동차 같은데요! 어젯밤부터 계속 서 있어요. 경비아저씨가 주인을 찾던데 오셔서 가져 가세요."

라고 말하는 것이다. 아내에게 물어보니 화들짝 놀라며 어제 저녁 들어오는 길에 아파트 상가 앞에 차를 세우고 반찬거리로 두부 한 모와 손자 과자를 사고 그냥 걸어왔단다. 아침준비로 바쁜 아내 대신에 차키를 찾아들고 서둘러 상가 앞으로 가보니 아내의 조그만 자동차가 화사한 아침 햇살 속에 길 잃은 어린아이마냥 오도카니 서 있다.

"참, 정말!"

혀를 차며 차 문에 키를 꽂는데 문도 안 잠긴 상태다. 또 한 번 혀를 차며 시동을 걸려니 키가 꽂혀 있는 것이 아닌가? 그런데 키를 돌려도 시동이 걸리지 않는다. 유량계의 바늘은 바닥을 가리키고 계기판 전체가 시위하듯 점멸한다. 시동도 안 끄고 내려서 밤새 공회전을 하여 기름이 다 없어진 것이다. 평소 불필요한 전깃불 끄고 수도꼭지 잠그는 것이 일인 나다. 자잘한 것을 유난히 아껴 아내에게 자주 핀잔을 들을 정도로 불필요한 낭비를 질색하는 나인지라 밤새 태워 없앤 기름값이 아까워 혼자 구시렁거렸다.

집 앞 주차장으로 돌아와 내 차를 끌고 가까운 주유소에 가서 페트병에 휘발유를 사다 부었지만 역시 시동이 걸리지 않는다. 할 수 없이 서비스 센터에 전화하고 기사가 출동하는 부산을 떤 후에야 차를 제자리에 놓아두고 엘리베이터를 탔다. 8층의 집까지 올라오는 짧은 순간에 별별 생각이 다 든다. 사골을 곤다고 불 위에 올려놓고 외출하여 그것이 졸아 타서 집안을 온통 송장 태운 냄새로 진동하게 하고, 행주 삶는다고 올려놓고 태우는 것은 다반사였지만 이렇게 심각한 기분이 든 것은 처음이다.

'그 총명하고 새침하던 여자가, 살림 잘하기로 소문나고 가족에게 헌신하던 그녀가, 내 아내가! 이 노릇을 어쩌면 좋단 말이냐?' 심각해서 들어서는 내 표정을 살피며 그녀는 배시시 웃는다.

"아, 내가 왜 그랬지? 뭐에 홀렸나?"

나도 따라 웃으며,

"아무리 그래도 이번에는 너무했다 야!"

했지만 걱정에 마음은 무거웠고 이것저것 신경 쓰이게 한 내 탓인 것만 같았다.

가진 것 없이 시작한 우리의 결혼생활은 여름 한 철을 티셔츠 한 장으로 나다시피 하는 아내의 피나는 절약으로 조금씩 정말 조금씩 티끌이 모이듯 모이고, 아이들이 커가며 그즈음 사업을 시작한 나는 바쁘다는 핑계로 육아와 가사는 온전히 아내의 몫이었다. 조그만 회사를 꾸려가는 남편을 뒷바라지하는 것도 그녀에겐 부담이었을 것이다. 안정적인 공무원이나 큰 회사의 직원들과 달리 항상 긴장의 끈을 늦출 수 없는 남편과 함께 그녀도 긴장된 세월이었을 테니까. 원래 대범하지 못한 나는 그녀가 의논의 대상이었고 좋은 일이나 궂은 일이나 감추지 않고 상의했으니 상담역을 맡은 그녀는 또 얼마나 스트레스가 많았을까? 이제 생각해보면 회사 일을 집에까지 끌어들인 것은 잘못이었던 것 같다.

그 외에도 여러 가지 문제로 속을 썩여 아내를 속상하게 한 것이 한두 가지가 아니니 많이 후회된다. 늙으면 부부는 측은지심으로 산다는데…, 이런 마음이 얼마나 가려는지 알 수 없지만, 이제 많이 남지 않은 여생을 불쌍한 아내를 보호하며 속 썩이지 말고 살아야지 하는 짠한 마음으로 지내던 그즈음의 어느 날이었다.

출근하려고 주차장에 세워둔 차에 타려던 나는 깜짝 놀라 움찔하고 말았다. 차가 잔잔하게 부르릉거리며 살아있는 엔진 소리를 내는 것이 아닌가? 어제저녁 야근으로 늦게 퇴근하여 뒷좌석의 뭔가를 꺼내고는 그냥 문을 닫았는데 차는 저 혼자 문이 잠기고 나는 그 짐에만 신경을 쓰며 그냥 집으로 올라간 모양이다. 아내의 차는 기름이 얼마 없어서 그 모양이 되었고 다행히 연료가 충분했던 내 차는 밤새 기름을 태우고도 잘 견디고 있었던 것이다. 실소를 금치 못하고 차에 올라 주차장을 빠져나오는데 많은 생각이 머릿속을 휘휘 지나가며 만감이 교차한다. 내가 왜 이러지? 벌써 이러면 안 되는데? 아직 미혼인 아들놈과 아슬아슬 나를 긴장시키는 마나님은 어떡하라고.

칼국수를 먹는 순서

금요일 저녁, 아내가 밥하기 싫다고 나가서 먹잔다. 칼국수가 먹고 싶다나? 밀가루 음식은 가볍게 점심으로나 먹어야 한다는 고정관념이 있는 나는 저녁에 웬 칼국수? 속으로 구시렁거리면서도 컴퓨터를 껐다. 그리고 만화영화에 빠져 가기 싫다고 칭얼대는 손자 손녀도 재촉하여 함께 집을 나섰다. 집을 나서자 아이들은 만화영화 따위 벌써 잊어버리고 팔짝팔짝 뛰며 좋다고 차에 오른다.

요즘 칼국수 집들은 온통 고집쟁이들이 운영하는지, 강고집, 최고집등 상호에 고집 자가 들어가는 집이 많다. 우리 동네에도 그런 집이 하나 있다. 주인아주머니는 고집하고는 거리가 멀어 보이는 상냥하기가 이를 데 없는 50대의 예쁘장한 여인인데 간판은 강고집 칼국수이다. 만드는 음식에 대해 자부심이 있다는 의미겠지만 주방장이 고집쟁이인가? 하고 가끔 쓸데없는 혼자 생각을 한다.

반색하는 아주머니와 인사를 나누고 바지락 칼국수 3인분을 시켰다. 아이들이 아직 어리기도 하고 이 집 칼국수의 양이 제법 푸짐하기 때문이다. 순서대로 밑반찬이 나오며 함께 보리밥 세 그릇이 나왔다. 손주들과 할머니가 한 그릇씩 차지하고 열무김치를 넣고 초고추장을 쳐서 쓱쓱 비벼주니 아이들도 맛있게 잘 먹는다. 밑반찬으로 나온 배추 겉절이를 지분거리며 막걸리 한 잔 생각이 간절했지만 단념했다. 동네 지인이나 친구들과는 점심 먹으면서도 막걸릿잔이 돌지만, 아이들도 있고 집사람도 내가 술 먹는 것을 좋아하지 않기에 참기로 한 것이다.

아이들이 즐겁게 재잘거리며 밥을 다 먹을 즈음 세숫대야만큼이나 커다란 그릇에 칼국수가 나왔다. 그것이 탁자 중앙에 놓이자 아내는 국자를 들어 앞 접시에 옮겨 담기 시작했다. 평소에 잘 안 먹는 보리밥이기도 하지만 삼 인분만 나온 보리밥은 내 차지가 없었다. 자연 시장기가 돌며 음식 나오기를 기다리던 중이었다. 젓가락을 들고 칼국수 그릇을 받으려는데 그것이 큰손녀 앞에 놓인다. 그리고 같은 동작을 되풀이해 이번에는 손자아이 앞에 놓는 거다 그다음이 내 차례였다. 나는 애들 교육을 어떻게 하는 거야!

어른을 먼저 드려야지! 하며 손녀에게 가는 음식 그릇을 빼앗았어야 옳았다. 그러나 나는 그러지 않았다. 가만히 그 순서를, 물 흐르듯 자연스레 진행되는 그 행위를 바라만 보고 있었다.

평소 집에서는 식사할 때 가정 교육상, 할아버지가 먼저 식탁에 앉아야 한다며 하던 일 때문에 조금만 꾸물거려도 잔소리를 해대는 아내였다. 나는 평소 순발력이 늦고, 벌어지는 상황에 순응하는 성격이다. 그때도 아이들 앞에서 할머니를 민망하게 하기 싫다거나 하는 배려 차원이 아니었다. 그냥그렇게 아무 생각없이 순서를 받아들였지만, 음식을 먹으며 서운한 생각이 스멀스멀 피어올랐다. 마시고 싶어 하던 술도 참은 데다 서운한 생각이 겹치니 감정의 앙금이 쌓여 먹은 음식이 소화가 안 되는 느낌이다. 그렇다고 아이들 보는 앞에서 큰소리를 낼 수도 없는 노릇 아닌가.

나는 소화도 시킬 겸 걸어서 갈 테니 아이들과 먼저 가라며 공원 쪽으로 발길을 돌렸다. 예전 경춘선 철로길을 공원화하여 철길공원으로 꾸며놓은 그곳은 금요일 밤이라서인지 산책하는 인파로 붐볐다. 처음엔 철길을 따라 태릉 쪽으로 쭉 돌아 집으로 가려는 생각이었다. 그러나 한 100m쯤 걸었을까? 갑자기 아랫배가 살살 아파져 오기 시작했다. 불쾌한 기분 속에 억지로 먹은 음식이 탈이 나고 만 것이다. 그리고 이 사이에 낀 음식물 찌꺼기도 입안을 여간 불쾌하게 하는 게 아니었다. 부근에서 화장실을 찾아볼까도 생각했지만, 발길을 돌려 강고집으로 향했다.

의아한 얼굴로 쳐다보는 아주머니에게 어색한 웃음을 지어 보이며 이쑤시개 한 개와 열쇠 통을 집어 들었다. 화장실은 건물을 반 바퀴쯤 돌아 현관 안쪽에 있었다. 급히 용변을 보며 이빨 청소도 동시에 진행했다. 입안의 불쾌감도 해소되고 속이 후련해지자 몸은 편해졌지만, 마음의 앙금은 계속 남아 있었다. 다시 공원으로 가서 혼술 한 잔 하고 갈까 싶기도 했지만 포기하고 집으로 돌아갔다. 아내가 소파에 앉아 빨래를 개다가 나를 바라본다. 뭐라고 묻는 듯했지만 대꾸 없이 방으로 들어갔다.

소심한 A형에 뒤끝이 장난 아니게 긴 나는 아내의 말을 묵살하기 시작했다. 마침, 이메일로 전송되어온 주문서에 따라 일을 하며 토요일 하루를 보냈다. 내 묵비권 행사에 뭔가 낌새를 차렸는지 아내는 일하는 책상 위로 간식거리를 날라 오는 등 대화를 시도했지만 대꾸하기 싫었다. 그렇게 하루가 가고 일요일이 왔다. 늘 하던 대로 아내의 차로 아내가 운전하여 성당엘 갔다.

정말 섭섭하고 어이없었지만 말하기 치사하다는 생각이 들어 끝내 안하고 말려고 했다. 집에서는 밥상머리 교육 운운하며 잔소리를 해대는 사람이, 어른 제쳐두고 아이들 먼저 주느냐 그게 바른 교육이냐! 며 약간 낯간지러웠지만, 그날의 서운했던 점을 이야기했다. 그리고 아내가 뭔가 변명을 하며 말다툼으로 번질 것을 상상했다. 그러나 그녀는 미안하다며 쿨하게 자기의 잘못을 인정했다. 그때, 무의식적으로 행동하면서도 자기의 행동이 잘못된 일이란 생각이 들더란다. 좀처럼 미안하다는 소리를 안 하는 그녀가 단숨에 승복하고 들어오니 좀 맥이 빠졌다. 그렇게 아무 일 없었다는 듯 일상은 다시 시작되었다.

그러나 비슷한 상황은 얼마 안 가 또 일어나리라는 것을 나는 잘 안다. 손주 바보인 아내가 자기도 모르는 사이에 내 기분 언짢게 하는 일을 저지르리라는 것을. 그녀에게는 사십 년 넘게 살아와 무관하고 이물 없는 서방님보다 손주들이 앞 순위이므로.

어린 연인들

불광역을 출발하여 비탈길을 한참을 달리던 버스가 갈현동 버스 정류장에 정차하기 위해 천천히 속도를 줄이면 나는 삐죽이 고개를 빼고 차창 밖을 바라본다. 오늘도 나와 있을까? 오늘은 안 나온 게 아닐까? 마음을 졸이며 바라보는 내 눈에 그녀가 서서히 클로즈업 되면서 나타난다. 긴 생머리에 털실로 짠 벙어리장갑을 끼고 작은 핸드백을 어깨에 걸친 채 오도카니 서 있다. 그 모습을 바라보는 내 가슴은 두근두근 방망이질 하고 있다.

1970년대 초 내가 다니던 회사는 경기도 북쪽 삼송리에 있었다. 입사한 회사의 섬유부 소속 디자인실은 서울 사무소인 시내에 있었는데 현장과 가까이 있어야 한다는 이유와 경비 절약 차원에서 디자인실이 몽땅 본사 공장으로 이전을 했다. 실장 이하 전 직원이 갑자기 원거리 출퇴근을 하게 된 거였다. 집이 있던 미아리에서 삼송리까지 가자니 처음엔 많이 불편했지만, 그녀의 집 부근을 지난다는 것이 우리를 기쁘게 했다.

갈현동에 살던 그녀는 내 출근 시간에 맞추어 그곳의 버스정류장에 나와서 기다렸다. 출근 시간이지만 만원이던 승객들은 시내에서 대부분 내리고 종점으로 돌아가는 버스엔 손님도 거의 없다. 버스에 내가 타고 있는 것을 확인하면 그녀는 조용히 버스에 올라 비어있는 내 옆자리에 앉는다. 그리곤 종점까지 차 속에서 데이트하는 거다. 별로 중요한 내용도 아닌 이야기를 나누었고 주로 그녀가 이야기하고 나는 듣는 쪽이었다. 가끔 대화가 끊기기도 했지만, 손끝으로 전해져오는 서로의 마음을 알기에 말없이 손만 잡고 있어도 우리는 너무 행복했다.

종점에 도착하면 그녀는 다시 시내로 출발하는 버스에 오르고 손을 흔들며 우리는 헤어졌다. 그 짧은 시간을 같이하기 위해 이른 시간에 일부러 나와 주는 그녀가 너무나 사랑스럽고 고마웠다. 회사로 가는 삼송리 개천변의 둑길을 걸어가는 발걸음이 그렇게 가벼울 수가 없었다. 헤어질 때 차창에서 흔들어주던 그녀의 벙어리장갑 낀 손이 아직도 사진처럼 선명하다. 그렇게 해서까지 만나고 싶었던 걸까? 지금 생각하니 조금 어처구니가 없기도 하다. 그렇게 우리는 때와 장소를 가리지 않고 만났고 서울 시내 곳곳이 추억의 공간이다.

고등학교 일학년 여름방학. 우연히 들른 동대문 부근 빵집에서 그녀를 만났다 나는 그때 어떤 용무를 마치고 그 부근을 지나던 중이었는데 한여름의 폭염에 목이 몹시 말라서 빙수 한 그릇 먹으러 그곳으로 들어선 참이었다. '황금당'이라는 이름의 그 빵집은 가끔 친구들끼리 들르던 낯설지 않은 곳이었다. 먹음직스러운 빵들이 소담하게 담겨있는 진열장 너머의 주인에게 눈인사를 하고 안으로 들어서는데 안쪽 자리에 낯익은 얼굴이 빙그레 웃고 있었다. 같은 반 친구인 Y였다. 그는 여자를 만나기로 했다며 겸연쩍게 웃었다.

잠시 후, 한 여학생이 들어서는데 뒤이어 친구로 보이는 여학생이 같이 들어서 우리가 앉아 있는 좌석을 향해 걸어오고 있었다. 한낮의 태양이 내리 쬐는 밝은 창밖에 비교해 실내는 조금 어두웠으므로 자리에 마주 앉아서야 우리는 그녀들의 모습을 정확히 알아볼 수 있었다. 한쪽은 운동선수 같은 덩치에 얼굴도 씩씩하게(?) 생겼고 다른 한쪽은 마른 체형에 새침한 얼굴을 하고 있었지만 예쁜 얼굴이었다. 인사를 나누고 나서 덩치 큰 여학생이 Y가 만나려 한 여학생이라는 걸 알고 속으로 쾌재를 불렀다. 새침떼기 그녀는 친구가 같이 나가자고 해서 호기심에 따라 나왔다고 했다.

빵집을 나오자 Y와 덩치 큰 그녀는 같이 사라졌고 나는 혼자 저만큼 앞서가는 새침한 그녀를 부지런히 뒤쫓았다. 같은 버스에 올라타서 온갖 용기를 다 내어 다음 약속을 받아냈다. 보문동에서 버스를 내리는 그녀의 뒷모습을 바라보며 나는 희열에 들떠 있었다. 그렇게 우리의 만남은 시작되었다. 그러나 우리의 만남은 그다지 순조롭지 못했다. 통신 수단이 빈약하던 시절 몇 달씩 못 만나며 편지만 주고받기도 했고 만날 날짜를 착각하여 같은 약속장소에서 서로 바람을 맞기도 했다. 그래도 우리는 줄기차게 만났다. 명동, 무교동, 종로는 물론이고 동숭동 서울의대 히포크라테스동상 옆의 작은 벤치. 정릉 유원지 계곡의 수영장. 서울 시내와 근교 여기저기에 우리 젊은 날의 추억이 숨어있다.

만난 지 십 년 만의 눈 내리는 12월 초, 우리는 결혼했다. 세상 물정 모르던 어린 연인들이 십 년 세월을 지나오며 부부로 맺어진 거다. 그리고 또 40년이 넘는 세월을 우리는 같이했다. 생머리 새침데기 그녀는 두 아이의 엄마가 되고 손자 손녀의 할머니가 되어 지금 전화기를 붙잡고 수다 삼매경에 빠져있다.

혼밥(혼자 먹는 밥)

아침 내내 부산을 떨어대던 아내는 손녀와 손자 두 녀석을 데리고 강화도로 놀러 갔다. 여기가 불암산 자락이니 서울의 동쪽 끝에서 강화까지가 그리 녹록한 거리는 아니다. 더구나 오늘 같은 토요일의 차량정체에 강화도라니! 그러나 어제부터 바람을 잡는 친구의 강권에 생각을 굳힌 모양이다. 그쪽도 손녀를 하나 데리고, 할머니 둘, 어린이 셋의 나들이다. 목적은 대명포구에서 할아버지 좋아하는 제철 해산물의 쇼핑이라는데, 글쎄~ 두고 봐야지….

넓은 집에 덩그러니 나 혼자 남았다. 아침부터 흐린 날씨에 온종일 집안에서 책이나 읽겠다고 내가 원한 일이지만 주위가 텅 비어 갑자기 조용하니 기분이 조금 이상하다. 요즘 인터넷상으로 온갖 유머가 떠돌고, 그중에도 퇴직한 남편 부담스러워하는 주부들

심경 대변하는 시리즈가 한둘이 아니다. 하루에 한 번도 집에서 밥을 안 먹으면 영식 님, 한 번만 먹으면 일식 씨, 두 번 먹으면 이식이, 세 번 다 집에서 먹으면 삼시새끼, 그 위에 간식까지 찾으면 종 간 나 새끼라나? 또, 여자가 늙어서 필요한 것은 1돈 2딸 3건강 4친구 5찜질방으로 남편은 순위에도 못 들고, 남자가 늙어서 필요한 것 1부인 2아내 3집사람 4와이프 5애들 엄마란다. 평생 남편 건사하고 자식 키우기 얼마나 힘들었으면 이런 항변조의 애교 섞인 유머가 유행할까? 이해는 하면서도 마누라와 자식들 위해 평생 노력한 남편으로서는 조금 서운해지기도 한다.

그동안 쫓기며 일하느라 읽고 싶어도 못 읽던 책들을 옆에 놓고 흐뭇해하며 책에 빠져 오전을 보내고 나니 점심때다. 배고픈 시어머니 얼굴을 하고 있던 하늘은 그새 맑게 개어 비라도 내릴까 걱정이던 할머니와 손주들의 놀이 길이 조금은 안심이 된다. 아내에게는 전화 한 통 없는 것이 손주들과 노는 재미에 빠져서 남편은 알아서 하겠지 하고 믿는 모양이지만 조금 서운하다.

한, 십여 년간 같이 해오는 외국어 공부 모임의 어느 부인이 그랬다. 남편이 대기업 이사직을 끝으로 은퇴하여 집에 있는데 밖에 나가기를 싫어해서 삼시 세끼를 더운밥을 해 바쳐야 한단다. 그래서 한 달에 한 번 방과 후 식사 모임에도 불참하는 경우가 잦다. 하루는 이것을 주제로 자유토론이 벌어졌는데 당사자인 부인은 배시시 웃으며 팔자란다. 그 말을 듣던 다른 부인이, 아내가 외출 중인데 차려놓은 밥도 못 찾아 드시냐며 아예 우리나라 말로 열변을 토하기 시작했다. 그녀의 얘기는 진정한 아내 사랑은 아내가 외출 중에는 남편 식사가 신경 쓰여 집에 확인전화 하지 않게 해주는 것이라는데까지 이르렀고 갑론을박하던 토론은 결론을 못 내고 끝이 났다. 그때 나는 준비된 밥 정도는 본인이 알아서 찾아 먹어야 하지 않겠느냐 생각하며 친구 아버님의 재미난 에피소드가 생각났다.

그분은 평안남도 강서 태생으로 일제 치하에서 일본 사법시험에 합격한 엘리트였다. 해방 후에는 변호사협회 회장을 역임한 인격자다. 노후에 부인을 암으로 먼저 보낸 그분을 아들인 친구가 모시게 되었다. 하루는 점심식사로 외출을 하게 되었다고 한다. 추어탕이 먹고 싶다 하셔서 친구가 차를 몰아 음식점으로 가는 도중, 돈가스 전문점을 보시고 돈가스도 먹고 싶어 하시는 것 같아 돈가스 집으로 갈까요? 하니 그냥 추어탕집으로 가자고 하시더란다. 그런데 추어탕집에서 주문을 하고 나니 친구에게 가서 돈가스 하나 사오라 하시더란다. 우리는 이 이야기를 나누며 허허거리고 웃었지만, 음식이라는 것이 그런 것이다. 아무리 인격자라도 먹고 싶은 음식 앞에서는 식탐하는 어린아이 심정이 되는 것이다. 다만

이성이 그것을 자제할 뿐!

요즘 텔레비전을 켜면 요리와 관련된 방송이 많이 나오고, 옛날에는 별로 대접을 못 받던 요식업에 종사하는 사람들이 쉐프니 뭐니 하면서 인기직종으로 떠오르는 것을 보게 된다. 격세지감을 느끼게 되지만 시대의 흐름이고 대세이다. 우리의 어머니 세대들은 남편의 식사 수발을 당연하게 아셨지만, 우리 자식 세대는 요리하는 남자가 인기인 세대다. 더구나 맞벌이 시대에 페미니스트 아내를 둔 남편이 아니더라도 밥 한 끼 차려 먹는 건 흉이 아니다. 휴일에 아이들 식사까지 만들어주는 아빠가 신기하지 않은 세상이다.

배가 고파진 나는 냉장고를 열고 반찬들을 꺼내어 주섬주섬 상을 차렸다. 아내와 같이 만든 김치며 굴깍두기 등을 꺼내고 아내가 아침에 끓여둔 아욱국에 물을 조금 더 붓고 다시 끓였다. 너무 풀밭인 거 같아 달걀을 부치고 그 옆에다 햄도 조금 추가했다. 김도 꺼냈다. 혼자 하는 식사라도 이만하면 훌륭하지 않은가? 외출한 아내를 남편 점심밥 차리러 서둘러 귀가하게 해야 하겠는가, 저녁이라면 몰라도.

아무도 없으니 내 스타일대로 편하게 먹기로 했다. 툭하면 지적 받던 한 다리를 의자에 접어 올리는 버릇도 해보고, 책도 읽어 가면서. 가정의 평화를 위해 마누라도 자유롭게 해주며 혼자 하는 식사는 여유로워서 좋았다.

사라진 피맛골

아내와 영화 한 편을 보기위해 집을 나섰다. 고레에다 히로카즈 감독의 일본영화다. 대다수의 영화관을 장악하는 흥행영화가 아니라서 상영관이 드물었다. 광화문 어느 건물의 지하에 자리한 영화관까지 가야 했고, 일부러 그곳까지 가는 것은 한 가지 목적이 더 있었기 때문이다.

작년 말, 건강검진을 받으러 아침 이른 시각 종각역에 내렸을 때 잠시 다른 세상에 온 듯한 낯섦을 느꼈다. 이름도 생소한 그랑서울이라는 빌딩에 이어, 마치 뉴욕의 마천루를 옮겨다 놓은 듯, 거대한 건물군이 내 추억의 장소를 없애버리고 원래부터 그곳의 주인인 양 장대한 모습으로 연이어 서 있었다. 이 일대가 재개발된 것은 벌써 몇 년 전이지만 내 눈으로 확인한 것은 이때가 처음이었다. 청춘시절엔 세모에 제야의 종소리를 현장에서 직접 듣겠다며 이 부근을 싸돌아다니기도 했다. 2002년 월드컵 때도 다이내믹하게 폭발하는 붉은악마의 에너지에 휩쓸렸었다. 그러나 점차 나이가 들어가며 이곳에 나올 일이 별반 없었다. 모습이 바뀐 이곳이 낯설고 어색했지만 추억 어린 그 지역을 아내와 다시 한 번 가보고 싶었다. 그녀도 추억의 공동 소유자이기에 함께 찬찬히 둘러보고 싶은 마음에서이다.

영화는 못 보고 말았다. 인지도도 없는 예술영화를 누가 그리 챙겨 보랴는 안일한 생각에 예매도 안 하고 갔는데 적당한 시간대엔 딱 한 좌석이 남아 있었다. 그리곤 다음 상영시각은 저녁 8시란다. 혼자 갔었다면 당연히 입장했겠지만, 아내를 두고 혼자 영화를 볼 수는 없는 노릇 아닌가. 차선책으로 '두 개의 사랑'이라는 프랑스 영화의 표를 사놓고 밥을 먹다가 시간에 쫓겨 취소하는 등 부산을 떨었다. 계획 없이 망설이고 허둥대고, 내가 하는 일이 대충 이렇다. 점심으로 주문한 음식들이 너무 맛있어서 그나마 다행이었다.

60년대 중반까지 어른들은 사대문 안을 문안이라 불렀다. 시내에 갈 때면 문안 간다고 했다. 그 문안으로 나들이한 모처럼의 데이트다. 시간이 맞지 않는 영화는 다음에 혼자 볼 요량으로 찻집을 찾아 지하에서 일층으로 오르니 그 건물의 로비에 어서 오라는 듯 적당한 카페가 눈에 띄었다. 창가 자리에 앉아 커피 한 잔 마시며 무언가를 주제로 재잘대는 아내의 수다에 맞장구를 쳐주지만, 생각은 훨훨 날아 젊은 날의 피맛골로 향하고 있었다.

학창시절, 하라는 공부는 뒷전으로 한 채, 노는데 정신이 팔려서 방과 후면 명동, 무교동, 종로를 밤늦게까지 쏘다니는 것이 일과였다. 팝 음악에 빠져 시청 앞 모 다방에서 어설픈 DJ 아르바이트도 하던 나는 주로 명동 쪽으로 다녔다. 그런데 철학과도 아니면서 개똥철학의 심도가 제법 깊던 친구 한 녀석이 종로 피맛골에 있던 허름한 막걸릿집이 단골이었다. 그를 만난 날이면 자연 나도 그쪽으로 끌려가 막걸릿잔을 사이에 두고 개똥철학으로 목에 핏대를 세우던 시절이 있었다. 우리가 설익은 철학을 논하며 술에 취해가면 옆자리 중년 아저씨가 의기투합하여 오신다. 아주 가끔은, 합석하여 같이 마신 후 우리 술값까지 계산 해주던 낭만 어린 추억도 기억의 한 편에 남아 있다.

비가 오는 날이면 골목에 가득한 각종 음식 냄새에 섞여 퀴퀴하게 퍼지던 비 내음이 정겹던 골목이었다. 조선 시대에 말을 타고 다니는 양반을 피해 상놈들이 다니던 사람 냄새 물씬 나는 서민들의 골목이었다. 그 정겹던 골목이 있던 자리에는 그곳을 차지해버린 거대한 빌딩들이 뭔가 미안해서인지 건물 속에 어색한 골목을 내어 음식점들이 몇몇 늘어서 있다. 입구에 피맛골이라는 간판이 걸려있지만 너무나 어색해서 실소를 금할 수 없었다.

지금 강남 사거리에 마천루 타운을 형성한 삼성전자 빌딩 터는 농작물이 자라던 빈 공터였기에 별반 추억이 없지만, 잠실에서 위용을 자랑하는 롯데 타워 터에는 수려한 미루나무가 길가에 가로수처럼 줄지어 서있고 아스라이 굽이진 한길에 작은 실개천이 흐르던 목가적인 마을이 그림같이 정겹던 곳이었다. 그 정경은 아직도 눈에 선하여 마치 소중한 무언가를 도둑맞은 허전한 기분에 젖곤 한다.

장시간 해외에 머물던 지인들이 귀국하면 천지개벽하듯 변하는 조국에 이게 정말 우리나라 맞느냐며 혀를 내두르고 놀란다. 같은 서울에 사는 나도 서울의 변화에는 눈이 휘둥그레질 정도이니까 그 심정 이해가 된다. 복개되었던 청계천이 자연 친화적으로 복원되었을 때는 쌍수를 들어 반가워하던 나지만 상전벽해로 변해가는 서울과 대비하여 내 기억 속에 오롯이 남아있는 옛 서울의 향수는 어쩌면 좋은지…. 조국은 이처럼 다이내믹하게 변해간다. 발전을 위해 변해가는 것들은 어쩔 수 없다. 하지만 옛것의 소중함도 간과해서는 안 되겠지.

역설적인 가르침

내 유년시절의 아버지에 대한 기억은 아름답지 못하다. 격동의 시절을 엘리트로 살아오셨던 아버지는 말년에 어이없이 허물어졌다. 시대의 환경이 고지식한 한 지식인을 무능력자로 만들어 버린 것이다. 일제로부터의 해방과 한국동란의 격동기를 소신 있게, 그러나 너무나 요령 없이 지나온 아버지다.

일제 강점기에 일본에서 상과 계통의 공부를 마치고 귀국하신 아버지는 관리직에 종사하다 경상북도 문경 어느 광산의 소장 시절에 해방을 맞았다. 해방 후 적산 관리 하는 일에도 관여하였다는데 어머니 말마따나 일본인 광산주가 떠나갔으니 그곳의 주인이나 마찬가지면서 숟가락 몽당이 하나 못 챙기고 처자식을 고생시키는 주변머리 없는 양반이다. 그러나 아버지로서는 적산을 정확히 환수 시키라는 나라와의 약속은 지켜야 하는 것이고 약속대

로 이행하셨다는 것이 아버지의 논리였다. 틀린 말이 아니고 바른 행동을 하신 거다. 그러나 생활이 문제였다

물려받은 재산이 넉넉한 집안의 자식도 아니고 당신 자신이 자리를 이용하여 치부하는 요령과 배짱도 없었기에 남들이 부러워하는 자리에 있었으면서도 퇴직 후 남은 재산이 별반 없었다. 해방에 이은 전쟁의 폐허 속에 어수선하던 시절, 영악하지 못한 아버지에게 좋은 일자리 같은 것은 없었고 옛 동료와 뭔가 사업을 하다 실패하였단다. 덕분에 가족의 고생은 나날이 심해갔다. 어머니는 해방 후 실시한 경찰 시험에 합격한 여순경이었으나 전쟁의 와중에 공산당에 끌려가 죽을 고비를 넘긴 후로는 경찰직을 그만두고 살림만 하는 주부였다. 그런 어머니가 호구지책으로 경험도 없는 분식집을 시작하셨다. 자연 아버지도 가게 일을 거들 수밖에 없었다. 아버지가 맡은 일은 국수 가락을 뽑아내는 일이었다. 밀가루를 반죽하여 국수틀에 넣고 몇 번이고 편편하게 펴낸 후 그것으로 국수 가닥을 뽑아내는 일이 아버지에게 주어진 일이다. 당신의 소신대로 적산 재산을 성실히 나라에 바친 긍지와 당당함은 서서히 사라지고 맞지 않는 일의 고달픔에 지쳐가는 늙은 엘리트가 거기에 있을 뿐이었다.

어린 마음에 그런 아버지가 너무나 싫었고 고생하는 어머니를

도와야 한다는 생각에 방과 후 틈틈이 가게 일을 도왔다. 어느 날 여드름이 덕지덕지 피어오른 고등학생 녀석이 심부름을 시켰다.

"꼬마야 조기 구멍가게에서 담배 한 가치만 사다 줄래?"

그 녀석은 하굣길에 친구들과 몰려와 빵과 국수를 먹으며 시끄럽게 떠들다 가는 앞 학교 학생이다. 음식을 먹은 후엔 '식후 불연이면 삼초지 즉사' 어쩌고 해가며 담배 한 대를 손안에 감추어 피우고 가곤 했다. 그러나 명색이 경찰 출신인 어머니는 보고도 모른 척하신다. 팍팍한 삶 속에 묻어나는 치사함이다.

주는 돈을 받아 담배 몇 개비를 사 들고 돌아와 보니 홀 안에 다른 사람이 한 명 더 앉아 있었다. 가끔 오는 그 학교 서무계 직원인가 그랬다. 나는 눈치 없이 그가 보는 앞에서 그 녀석에게 담배 3개비를 내밀었다. 순간 그 녀석의 얼굴은 사색이 되며 마지못해 그것을 받아들고는 그 직원에게 애원조의 눈길을 보낸다. 뭔가 찜찜한 기분이 들었으나 나는 뒤돌아 홀을 나왔다. 그 녀석은 나에게 담배를 사다 달라고 부탁했고 나는 그대로 행했을 뿐이다. 그 상황에서 담배를 건네는 것은 아니라는 영악함이 없었다. 다만 어린 나이에도 그런 좋지 못한 심부름을 시키는 데 대한 반발심은 있었던 것 같다. 그 직원과 무슨 뒷거래가 있었는지 알 수 없지만, 정학을 받거나 하지는 않은 모양이다. 다음날, 가게에 나타나 기분 나쁜 눈초리로 나를 노려보며 담배 한 대를 꼬나무는 녀석이 보였다.

국수 가락을 뽑아내며 아버지의 세월은 흘러갔고 나는 아버지처럼 되진 않겠다고 다짐하며 커갔다. 아버지가 안 됐다는 생각은 없었다. 그냥 싫은 기분만 들었다. 아버지처럼 처자식 고생시키지 않으리라 다짐하며 자랐다. 자식들이 장성하고 가난을 벗어날 즈음 아버지는 돌아가셨다. 아버지는 나의 반면교사였다. 우리집 가난이 아버지의 무능력 때문이라 탓하며 나름대로 열심히 살아왔다. 이권에 관계된 좋은 자리 같은 건 애초에 인연도 없었으므로 요령 피우지 않고 내 꼴대로 그렇게 살아왔다. 그렇게 나의 세월도 흘러 아버지 나이를 지나 있다.

이 나이가 되니 이젠 아버지를 이해할 것 같다. 당신의 이상대로 살아지지 않는 혼탁한 세상에서 나름대로 엘리트 의식을 가지고 바르게 살아보려던 아버지. 이루어지지 않은 신념에 대한 좌절과 가족에게 미안하였을 당신 노후의 고뇌가 가슴 아리게 다가온다. 아버지는 당신의 철학대로 바르게 살려고 노력하셨지만 격변하는 세상에서 밀려나 가족을 생활고에 빠뜨렸다. 그것은 당신이 원한 일은 결코 아닐 것이다. 그러나 어쨌든 상황은 그렇게 흘러갔고 그것이 나에게는 역설적으로 생활력과 책임감을 다지는 계기가 되었다. 고생이 스승이었던 거다. 반면교사였지만 아버지는 나에게 스승이었다. 이제는 두 손 모아 아버지에게 용서를 빌고 싶다. 어린 시절 철없던 반항의 용서를 빌며 진정으로 화해의 손을 내밀고 싶다.

'아버지, 철없던 못난 이 자식을 용서하세요!'

강을 건너다

실내장식 공사를 하고 있는 친구도 만나볼 겸 대구에 머물고 있던 중이었다. 휴대전화가 딩~ 울리며 메시지가 들어온다. 계속되는 호우로 전번 주에 열리기로 했던 한강 건너기 수영대회가 이번 주 토요일에 열린다는 내용이다

이번 주 토요일도 비가 온다는 일기예보에 대회 진행이 어렵겠지 지레 짐작하고 대구에서 일박한 후 통영을 거쳐 거재도로 4박5일 혼자만의 여행을 하려던 참이었다. 나름대로 의미를 두고 모처럼 감행한 혼자만의 나들이인지라 대회 참가를 포기하고 여행을 계속할까, 잠시 고민했지만 역시 참가하는 것이 옳다는 생각에 마지막 KTX 편으로 상경했다.

비는 조금씩 내리다 그치다 하고 날은 흐렸지만, 행사는 무사

히 시작되었다. 7월의 마지막 토요일, 중복이었다. 개회식에 이어 한 조씩 시차를 두고 차례대로 물에 들어가 잠실나루 쪽에서 뚝섬으로 강을 헤엄쳐 건너간다. 강에는 출발지에서 도착지점까지 물에 떠있는 펜스가 길게 쳐있어 물살에 밀려도 그 이상 떠내려가지 않도록 되어 있다. 그것은 방향안내의 구실도 하는 구조물이다. 그 옆으로는 구명장비를 지참한 구조요원의 고무보트들이 만일의 사태에 대비하여 같이 강을 건넌다.

서울시 장애인 수영연맹에서 주관하여 6년째 진행되는 행사다. 다니는 수영장의 코치가 권유하여 참가하였는데 건너기 코스와 왕복코스가 있다. 장애인은 건너기만 하고 비장애인은 왕복하는 형태로 약간 떨어진 별도의 코스에서 동시에 진행된다. 참가선수는 비장애인 포함 1200명에 인명구조대원과 자원봉사자 등, 진행요원을 포함하면 약3000명이 참가한다니 생각보다 큰 규모의 대회다.

오랜 가뭄 끝에 연일 비가 내려 강물은 차고 탁했다. 물에 들어가니 섬뜩 한기를 느꼈지만 천천히 반대편을 향해 헤엄쳐 나갔다. 물을 좋아하여 어릴 때부터 수영장도 꾸준히 다닌 탓에 수영에는 자신이 있었지만 한강을 건너는 것은 처음이었다. 잠실대교를 오른편으로 보면서 1/3쯤 갔을까? 지쳐서 구조요원의 보트에 매달린 사람도 보인다. 내 주위에도 요원들이 따라 다니며 방향을 지시하거나 지친 사람을 돌보는 등 애들을 쓰고 있다. 주로 자유형으로 헤엄치다보니 엉뚱한 방향으로 가기도 한다. 물은 탁해서 한치 앞이 안 보인다. 뿌연 물 속을 들여다보며 헤엄치노라니 묘한 기분이 들었다. 약간의 공포심이랄까 불쾌감이랄까 아무튼 좋은 기분은 아니었다.

강물이라 유속의 저항을 받으며 건너는 길이가 1.6km라니까 한 시간 이상 걸린 것 같다. 뚝섬의 골인지점에 도착하니 자원봉사자들이 완영 메달을 걸어주고 대형 수건으로 몸을 감싸준다. 별건 아니었지만 해냈다는 뿌듯함이 찾아왔다. 보트에 실려 오는 사람도 더러 있었지만 대부분 자기 힘으로 건너와서 자랑스러운 얼굴들로 무용담을 나누고 있었다. 여러 가지 장애를 극복하고 도전에 성공한 사람들이니 왜 안 그렇겠는가?

대회에 참가한다는 소리를 듣고 아내는 말렸다. 말린다고 포기하리라 생각지 않으면서도 환갑이 한참 지난 할아버지가 무리하다가 사고라도 나면 어찌 하느냐는 거다. 그러나 나는 생각이 달랐다. 요즘 60대는 노인 축에도 못 든다. 그리고 지금의 이 답답한 상황에 뭔가 이벤트를 만들고 싶었다.

큰아이가 결혼하고 손주들이 태어날 무렵 나는 대장암 3기 진단을 받고 수술대 위에 눕는 신세가 되고 말았다. 어려워지는 회사일로 하루하루를 걱정으로 살다가 아침에 대변에서 피가 섞여 나오는 것을 보고 진단받은 결과였다. 기나긴 항암치료기간이 흘렀고 불경기에 고전하던 회사는 대폭 축소하여 명맥만 유지할 수밖에 없었다. 수술한지 2년 만에 겨우 몸을 추슬러 회사를 살려보려는데 결정타를 맞고 말았다. 거래처이던 일본의 공장이 2011년 3월 11일 동북 지방에 발생한 쓰나미에 이은 원전사고로 가동중단 상태란다. 그나마 조금씩 오던 주문은 거짓말처럼 뚝 끊기고 어쩔 수 없이 우리 회사도 잠정 중단 상태다.

평생 정년이 없을 것 같던 나는 병든 실업자가 되었고 우울증까지 찾아와 정신과 상담을 받는 처지가 되었다. 의사는 인제 그만 일에 대한 집착을 버리고 편히 쉬라 하고 아내도 걱정하지 말라고 위로했지만 본인도 뾰족한 수가 있는 것은 아니었다. 통장에 남아있던 현금은 퇴직하는 직원들에게 쓰였고 불경기의 여파로 팔리지도 않는 부동산과 은행 대출만 남았다. 살던 집을 전세 놓아 그 돈으로 은행돈을 갚고 아들 장가 들이려고 사둔 작은 집으로 이사했다.

사교적인 성격에 모임도 많던 나였지만 사람이 만나기 싫었다. 그렇게 일 년을 보내자 문득 정신이 들었다. 이렇게 주저앉을 수는 없었다. 인터넷을 검색하여 저렴하게 이용할 수 있는 체육시설을 찾아 등록했다. 우선 건강을 유지하며 할 일을 찾아보자 다짐했다. 회사도 정상화시켜야 하겠지만 돈만이 전부는 아니다. 없으면 없는 대로 조금 불편하게 살면 된다. 내가 좋아하는 일을 하며 살자는 생각이 들었다.

대형 수건으로 몸을 두르고 출발점으로 데려다줄 배를 기다리며 속속 도착하는 참가자들 내려다보았다. 중도 포기한 사람들도 더러 있지만 대부분 강을 건너 목적지에 도착했다. 눈이 안보여 도우미와 같이 헤엄쳐온 분도 있고 도착 지점의 바닥이 돌투성이 여서 발이 불편한 이는 도우미가 안고 올라오는 모습도 보인다. 저 체온증 으로 입술이 새파랗고 몸을 사시나무 떨 듯하는 이도 있었다. 수영하다 지치면 구조요원이 내미는 튜브에 매달려 쉬기도 하면서 왔으리라. 그러나 끝까지 포기하지 않고 완영한 그들이다. 모두에게 박수를 보내고 싶을 만큼 감동적이었다. 눈앞에 펼쳐지는 정경을 바라보며 내년에는 왕복 코스에 도전할 생각을 해본다.

자, 힘내자! 인생만사 새옹지마. 좋은 날만 계속될 수는 없지 않은가? 이 정도 고난에 나자빠지면 남자도 아니다. 보람차고 값진 인생을 위하여 어떠한 고난의 파도가 밀려와도 굴하지 말고 내 인생의 강을 건너자!

아직도 나는 재거를 좋아해

롤링 스톤스의「paint it black」이 경쾌하게 또는 으르렁거리듯, 울려 퍼지고 있다. 이 순간 나는 너무 평온하다. 믹 재거가 그의 동료들과 어울려 나만을 위한 연주를 하고 있다고 상상한다. 요절한 천재 브라이언 존스의 위협적인 시타르. 가슴을 쿵쿵 울리는 찰리 워츠의 드럼과 키스 리처드의 강렬하지만 서정적인 퍼스트 기타 그리고 빌 와이먼의 안정적인 베이스, 거기에다 믹 제거의 폭발적인 보컬이 어우러져 반항적 냄새 물씬 풍기는 환상의 하모니를 이룬다. '믹 재거, 역시 인물이야! 역시 롤링 스톤스야!' 볼륨을 한껏 올린다. 눈은 모니터 화면 속을 응시하고 손은 전자펜을 쥔 채로 작업을 하면서도, 폭발하는 리듬에 발장단을 맞추며 과거로의 여행을 떠난다.

중학교 입학 후, 합창대 선배의 영향으로 빠져들기 시작한 외국 음악. 그 당시 A.F.K.N(주한 미군방송)을 통해 들려오는 최신 유행 음악들은 뜻도 모르면서 무작정 듣게 되는 마력이 있었다. 벽돌 같은 배터리를 고무줄로 칭칭 감은 트랜지스터라디오를 끼고 살았었다. 잠자리에 들어서서도 이불을 뒤집어쓰고 음악을 들으며 황홀경에 빠져들었다. 짐 리브스, 앤디 윌리엄스, 냇 킹 콜, 엘비스 프레슬리, 클리프 리처드 등 솔로 가수의 뒤를 이어 드디어 비틀스가 한국에 상륙한다.

존 레넌, 폴 매카트니, 조지 해리슨, 링고 스타로 이루어진 더벅머리들이 직접 전기기타를 연주하고 드럼을 두드리며 노래하는 거다. 그들이 부르는 빠르고 경쾌한 노래는 당시의 젊은이들을 열광시켰고 그들의 의상에서 구두까지도 유행시켰다. 특히 더벅머리를 흉내 낸 장발족들은 단속 경찰과 숨바꼭질을 하는 촌극을 연출하기도 했었다. 젊은 음악 지망생들은 너도나도 그들을 흉내 내어 직접 연주하며 노래하는 보컬 그룹이 우후죽순으로 생겨나 전국 그룹사운드 경연대회를 열어 큰 인기를 끌기도 할 정도였다.

1963년에 1집 앨범『please please me』로 데뷔한 비틀스는 깔끔하고 정돈된 이미지로 자국에서 큰 인기를 끈다. 더벅머리를 흔들어대며 'I want to hold your hand'를 불러 소녀 팬들을 열광시키더니 1964년 미국시장에 진출하고 전 세계에 비틀스 붐을 일으킨다. 이른바 'British Invasion'이라 일컬어지는 영국밴드들의 미국시장 진출의 시작이다. 긴장한 미국에서 몽키스The Monkeys라는 대응밴드를 급조하지만, 그저 비틀스를 흉내 낸 아류밴드에 지니지 않았으므로 단명하고 만다. 새로운 스타일을 창조해내지 못한 결과이다. 당연히 '브리티시 인베이전'은 계속되는데 그 속에 롤링 스톤스가 있었다.

비틀스보다 한해 뒤 「The Rolling stones」로 데뷔하는 그들도 처음에는 비틀스처럼 단정한 슈트 차림의 모범생 이미지로 시작한다. 그러나 그들의 영리한 프로듀서는 그렇게 해서는 비틀스의 아류에서 벗어나지 못한다는 것을 곧 깨닫고 180도로 이미지를 바꾼다. 전혀 새로운 모습으로 전환한 것이다. 바로 'bad boy' 즉 악동 이미지로의 탈바꿈이다. 각자 아무렇게나 걸친 듯 자유롭고 다소 퇴폐적인 그들의 패션은 폭발적인 라이브공연을 우선시하는 그들의 거친 이미지와 잘 맞아떨어졌다.

친구들 만나고 음악을 듣는 것이 그 시절 유일한 위안이었던 나에게 어느 날 폭포수처럼 쏟아진 「I can't get no Satisfaction」을 위시한 그들의 노래는 비틀스와는 또 다른 매력으로 다가왔다. 1969년 팀의 리더 격이었던 브라이언 존스가 사망하지만 4명의 나머지 멤버가 70이 한참 넘은 지금까지도 라이브 공연을 하며 팝

시장을 호령하고 있다. 1970년 4월 공식 해체된 비틀스와 대비되는 부분이다.

몇 해 전인가, 전 세계에 말춤 선풍을 일으키며 「강남 스타일」을 한국인 최초로 빌보드 핫100 차트의 2위까지 올린 싸이가 우리를 흥분시켰었다. 그러나 끝내 1위를 못하고 말았고 그때 1위를 굳게 지키며 우리를 분통 터지게 했던 밴드가 「나는 제거처럼 움직일 수 있어move like Jagger」 라는 노래를 부른 미국의 'Maroon5'였다. 경쾌한 멜로디와 'I've gat the move like Jagger, I've gat the move like Jagger'로 반복되는 후렴구에 불리는 이 노래의 주인공이 바로 롤링 스톤스의 믹 재거다.

그도 이젠 70이 넘어 주름투성이의 할아버지가 되었다. 그러나 그는 아귀같이 큰 입을 쩍쩍 벌리고 과장된 몸짓으로 철없는 청년같이 정신없이 무대를 뛰어다니며 노래한다. 또한, 수많은 여성편력으로 스캔들을 일으키면서도 아직까지도 건재함을 과시한다. 묘한 매력의 믹 제거이며 롤링 스톤스다. 이제는 그들의 심벌처럼 되어버린 혓바닥 로고도 그들을 상징하는 그들만의 패션아이템이다. 1943년 영국에서 태어난 믹 재거는 개성 있는 보컬과 남성미 넘치는 악동 이미지로 롤링 스톤스를 이끌며 한 시대를 풍미해 왔다. 거함 비틀스와 동시대에 같은 장르의 음악을 하면서도 전연 상반된 이미지로 비틀즈와 견주어도 전혀 손색없이 팝시장을 장악했었다. 더욱이 비틀스가 해체된 뒤로는 영국 록 밴드로서 그들의 목까지 세계의 팝 시장을 호령하고 있다.

대학입시에 실패하고 방황하던 그때, 음악 감상실에 틀어박혀 그들의 히트곡「paint it black」,「I can't get no Satisfaction」,「start me up」,「jump in jack flash」 등을 들으며 낭인의 설움을 달래던 그 시절이 아련히 떠오른다.

아내와의 브런치

오전 열 시를 조금 지나 봐두었던 식당에 아내와 함께 들어섰다. 요즘 젊은이들 사이에 유행한다는 브런치를 즐기기 위해서였다. 외국어 공부반 모임의 일행들과 들른 적이 있는 동네의 아담하고 분위기 있는 이탈리안 레스토랑이었다.

올림픽공원 건너편 주택가 골목에 있는 가게는 두 개의 방과 푹신한 소파가 딸린 테이블 네 개로 이루어져 있었다. 처음 갔을 때의 느낌은 레스토랑이라기보다는 카페 분위기였는데 동네 장사하기에는 적당한 크기의 아담한 가게였다. 큰 식당에서 쉐프로도 일했다는 주인은 삼십 대 후반으로 키가 훤칠한 여자였는데 능력 있는 골드 미스라 했다. 같이 간 일행의 지인인 그녀는 반갑게 인사하며 직접 자리를 안내하고 주문한 음식을 내왔었다.

샐러드가 나오고 해물 스파게티와 파스타, 생선요리 등으로 식사가 진행되었는데 정갈하면서도 맛있었다. 동네 사람 상대의 작은 가게로서는 형식을 제대로 갖춘 좋은 음식에 가격도 적당했다. 특히 해물 스파게티는 단품 메뉴로도 훌륭했다. 후식으로 커피와 차 종류를 취향대로 마시며 대화가 무르익어갈 때, 나중에 아내와 같이 다시 오리라 생각했었다. 그 가게에서 아내와 함께 밥을 먹고자 생각한 것은 우선 집에서 가까운데다가 적당한 가격의 좋은 음식 맛 때문이었다. 요리하기 좋아하던 아내에게 꼭 맛보여 주고 싶었다.

가난한 시절에 태어나 여러 명의 형제 속에 자란 탓에 음식이란 먹고 배만 부르면 된다는, 다분히 생계유지형의 식습관이 몸에 배어 있었다. 학교 다닐 때나 직장생활 중에도 주로 구내식당 애용파였다. 그곳의 음식은 시중 음식점보다 값이 싸고 맛도 적당했다. 고가의 요리를 접할 기회가 적었다. 결혼을 하고서야 간장게장이나 돼지갈비를 넣고 끓인 김치찌개 등, 제대로 된 가정식을 맛볼 수 있었다.

지금은 손주들 돌보기에 힘이 들어 남편 식사 챙기기도 버거워하지만, 아내는 요리하기 좋아했고 솜씨도 좋았다. 학창시절에 만나 십여 년을 사귀면서도 좀처럼 그녀의 음식을 경험할 수 없었던 나에게는 뜻밖의 행운이었다. 신혼 초, 집들이 등의 행사 때에는 혼자서 그 많은 음식을 척척 만들어내어 친구들이나 직장 동료는 이구동성으로 칭찬을 아끼지 않았었다. 그때는, 음식은 장모님이 하시고 아내는 조수 노릇이나 했겠지 생각했었다. 그러나 알고 보니 대부분이 본인의 솜씨였다. 해물요리를 특히 좋아하는 나는 게장, 새우장 등 아내가 만드는 음식들에 점점 빠져 들었다.

아이들이 태어나고 신혼을 지날 즈음부터는 중견 관리자가 되어 회식이다 접대다 해서 외식이 많았지만 만족치 못한 음식을 먹고 나서는 뭔가 미진한 기분에 뒷맛이 개운치 않았다. 아내의 솜씨 탓에 생계유지형에서 미식가형으로 입맛이 바뀐 탓이리라. 아이들이 자라면서 가족외식도 많아졌지만, 아이들도 엄마가 해주는 게 더 맛있다며 집에서 먹는 것도 좋아했다. 특히 김치맛이 좋아 김장철에 아파트 단지 내의 친한 이웃들은 서로 모셔 가려 할 정도였다. 대가족의 살림에 다져진 장모님 솜씨를 물려받은 것이리라. 그러니 아이들이나 나나 집밥을 선호하고, 그 시절엔 지금과 달리 아내 또한 음식 만드는 것을 즐겁게 생각했었다.

처음에 회사를 설립했을 때는 경비절약 차원에서 개업식과 직원 회식 등은 아내가 만든 음식으로 회사 내에서 치렀는데 집에서 만들어온 음식들은 직원들도 모두 좋아했다. 회사는 조금씩 커지고 아이들도 잘 자라 주었다. 같은 일을 하는 타 회사들과의 경쟁 속에

격무와 긴장으로 힘이 들었지만, 앞날의 희망을 이야기하며 열심히 살았다. 아이들은 학업을 마치고 각각의 전공을 살려 사회에 진출했고 큰아이가 결혼하여 손녀 손자가 차례로 태어나 우리 부부를 기쁘게 해 주었다. 그러나 호사다마랄까, 이제 남편은 반 은퇴자 신세가 되었고, 손주 건사 등으로 점점 더 바빠지는 아내는 살림하기 힘들어하고 요리 솜씨도 예전 같지 않아 나를 슬프게 한다.

자리를 잡고 앉아 음식을 주문했다. 살면서 수없이 같이 외식을 했지만, 일부러 작정하고 단둘이 밥 먹는 것은 오랜만이다.

"여보 여기 어때?"

식사를 마치고 차를 마시며 묻는 내 말에,

"응 괜찮다. 음식도 맛있고 분위기도 좋은데?"

하고 답한다.

"그렇지? 다음에는 더 분위기 있고 근사한데도 가보자. 둘이서만."

나는 대답하며 아내의 얼굴을 바라본다.

만족스러워 보이는 아내의 밝은 얼굴을 바라보자니, 여러 가지로 고생만 시키는 것 같아 짠한 마음이 든다. 그런 한편으론 바쁜 그녀를 이해는 하면서도 나를 전보다 챙겨주지 않음에 섭섭한 마음도 교차한다. 복잡한 심정으로 아내를 바라보는데, 그런 내 마음을 아는지 모르는지, 아내는 밝게 웃기만 한다.

인터뷰

집에 사람이 아무도 없었는지 택배로 온 물건이 경비실에 보관되어 있다는 소리를 듣고 찾으러 나섰다. 경비실 문을 밀고 들어서자 그는 보던 책을 덮고 내 쪽으로 고개를 돌린다. 평소 책 읽기를 즐기는지라 자연, 책 쪽으로 눈이 갔다. 고려 시대의 역사책이었다. 받은 물건을 옆에 놓아두고 말을 걸었다. 대개 조선왕조의 책을 많이 읽는 것 같은데 고려사를 보시니 특이하다고 서두를 꺼내자 고려사가 무척 흥미롭다는 대답이 돌아왔다. 내가 책에 흥미를 보이자 말을 잘 받아 주었다.

일하기 어떠냐는 내 질문에 이 아파트는 산자락에 위치해서 공기도 좋고 근무하기 편하고 좋단다. 강남에 있는 아파트에서도 일해 보았지만, 주차 문제로 어려운 일이 많이 발생한단다. 강남은 대개 오래된 아파트들이라 지하주차장이 없어 주차문제가 제일 골치라고 했다. 주변에 상가들도 많아 주차문제로 시비가 끊이지 않아 많이 힘들었단다. 이곳으로 온 후, 최저임금제도로 급료도 많아지고 휴식시간도 따로 있어 일할만 하단다.

“이것도 조직이라고 경비원들 사이에 마찰이 가끔 있어요. 주민들은 오히려 잘해주시는데.”

강남에 비해 갑질 하는 사모님은 없는 모양이라 다행이다 싶었다.

나이는 66세인데 전화국에서 기술직으로 일하다가 그만두고 이 일을 한 것이 십 년이 넘었단다. 멀지 않은 곳에서 아내와 둘이 사는데 평생 고생만 시켜서 미안하다며 지나온 인생사를 늘어놓던 그가 뜬금없이,

“왜요 이 일 한 번 해보시게요?”

하고 묻는다. 좀 당황스러웠다. 그렇게 보였다면 내 대화 방법에 문제가 있는 것은 아닐까 싶어 슬며시 웃음이 나왔고 그만 자리에서 일어섰다. 집으로 돌아오는 길에 그간 대인관계에 대하여 나 자신을 돌아보며 많은 생각을 했다.

세상에 별별 직업이 많고 많지만, 나는 직업에 대한 편견이 심한 편이다. 더구나 내 사업을 나름대로 잘 꾸려왔다고 자부하는 나는 명령받는 쪽보다 명령하는 쪽이었다. 자연, 모르는 사람 상

대하는 것이 몹시 서툴고 몸에 밴 독단적인 처사로 대인관계에서도 가끔 트러블을 일으킨다. 그런 내가 사는 아파트의 경비원을 인터뷰한다는 것은 조심스러운 일이었다. 혹시 상대방 기분 나쁘게 하지 않을까 내심 걱정이 많았는데, 나름 조심스럽게 겸손을 떨며 물어본 것이 늦은 나이에 구직에 대한 갈망으로 비쳤나 보다.

재활용 쓰레기를 분리 배출하는 일요일 오후였다. 아내의 심부름으로 단지 안 마트에서 뭔가를 사 오는 중이었다. 심부름 값이라 치부하며 아이스콘 하나 물고 내려오는데 그가 보였다. 플라스틱, 비닐, 종이, 공병 등 주민들이 분리해서 버린 것들 중, 잘못 버려진 것을 옮겨 담느라 분주해 보인다. 나는 마트로 돌아가 같은 아이스콘을 하나 더 사들고 돌아와 그것을 그에게 내밀었다. 평소에 잘 안 하던 짓이라 좀 쑥스러웠지만, 그가 잘 먹겠다며 받아드는 모습을 보자 마음이 가벼워졌다.

우리 집 분리배출은 내 몫이다. 집으로 들어가 늘 하던 대로 모아놓은 것들을 들고 나왔다. 배출장소에 가까워지는 내 모습을 보고 그가 두 손을 벌리며 다가온다. 그간 격의 없이 대하다보니 많이 친해진 것일까? 다가온 그에게 일부를 주었다. 그리곤 같이 그것들을 처리하며,

"힘드시죠?"

하고 물으니,

"아니요 괜찮아요. 늘 하는 내 일인데요. 뭐."

라는 대답이 돌아온다. 사람 좋은 웃음을 짓는 그를 따라 나도 마주 보며 싱긋이 웃었다.

3부

이 또한 지나가리라

비닐 포장지에 보내는 주소가 인쇄되어 있고 그 하단에는 받는 이의 종이 주소가 붙어있는 수필잡지《한국산문》이 매달 정확히 배달되어 온다. 나는 그것을 뜯어보지도 않고 서재 한 편의 빈 자리에 던져둘 뿐이다. 안 볼 거면 버려도 되느냐는 아내의 성화에는 펄쩍 뛰면서도 막상 비닐 포장을 뜯고 읽어낼 용기가 없다. 2013년, 등단작을 골라 등단하라는 연락을 받았을 때, 나는 심신이 너무나 지쳐 있었다.

내가《한국산문》과 연을 맺은 2012년의 겨울이었다. 그 당시 중국은 죽의 장막을 걷어내고 힘차게 발전하고 있었다. 덩샤오핑은 검은 고양이든 흰 고양이든 쥐만 잘 잡으면 좋은 고양이라는 '흑묘 백묘론'을 앞세워 개방 산업화 정책을 추진했고 오랜 잠에서 깨어난 중국은 세계의 공장을 자임하며 산업화에 박차를 가하고 있었다. 품질에는 만족하지 못했지만 오랜 불황으로 발등에 불이 떨어진 일본의 중소기업들은 싼 중국으로 거래처를 바꾸었다. 우리 회사는 자연히 일감이 현저히 줄면서 그나마 주문받는 일은 난도가 높은 어려운 일 뿐이었다. 결국 인정받은 높은 기술력이 어려운 일만 책임지는 아이러니한 상황을 초래했다. 울며 겨자 먹기로 겨우겨우 유지하던 회사는 설상가상으로 2011년 3월 11일 발생한 일본 동북 대지진에 직격탄을 맞고 말았다. 그나마 오던 주문도 거의 끊어지고 회사는 존폐의 갈림길에 설 수밖에 없었다. 폐업할까 망설이다가 규모를 대폭 축소하고 내수시장으로 눈을 돌려 명맥을 유지하였다.

같은 분야라고 해도 수출과 내수는 달라서 기술력은 우위에 있었지만, 국내시장의 사정에 어두웠던 나는 영업은 내수 출신의 영업부장에게 맡기고 디자인 선택과 기술검사에 신경을 쓰며 나머지 시간에 글을 썼다. 외부영업을 할 필요가 없어 시간적 여유가 생긴 나에게는 일종의 안식처였다. 글쓰기는 정말 재미있었다. 새로 만나게 되는 문우들과도 소통이 잘되는 즐거운 나날이었다. 글감을 생각하고, 글을 쓰고, 갈무리하는 하루하루가 즐거웠다. 그러나 내수시장은 생각보다 문제점이 많았다. 결제가 3~4개월 늦는 것은 보통이고 이른바 부도라는 것도 처음 경험해 보았다. 나는 내수시장에서 살아남을 수 있는 요령 좋은 사업가가 아니었다. 수금 등 돈 문제에는 취약하기 그지없는 일개 디자인실의 대표일 뿐이었다. 결국, 적지 않은 손해를 보고 회사를 정리할 즈음 등단 권유의 연락을 받았다.

소심한 나는 그때부터 글도 잘 써지지 않았고 등단을 생각할 여유도 없었다. 그저 잃어버린 금전적 손실에 전전긍긍하는 속물적 인간일 뿐이었다. 그 와중에도 우유부단한 내 성격은 등단을 할까 말까 망설이다 일단은 뒤로 미루며 사양했다가 이듬해에 주위 분들의 배려 속에 어렵사리 등단했다. 그러나 그것은 축복 속의 행복한 행사가 아니었다. 회사 사정은 전혀 호전되지 않았고 정신이 반쯤 빠져있던 나는 맘에 들지도 않는 글을 가지고 억지 춘향 격으로 등단을 한 것이다. 속된말로 쪽팔리는 일이었다. 남들 하는 만큼은 모양 있게 하고 싶었는데, 자존심이 상했지만 그것도 잠깐, 등단이라는 통과의례를 정신없이 어물쩍 그렇게 넘어갔다.

마음은 신산했고 죄 없는 잡지는 배달되어 쌓여갔다. 글을 쓴다는 그 근처에 다가가기가 어려웠다. 누구는 고난 속에 진정한 작품이 나온다는데! 한강에서 뺨 맞고 종로에서 눈 흘긴다고, 글 쓴다는 그 자체에 화가 나 있었다. 목구멍이 포도청이라는데 사업을 한다는 놈이 본업에는 신경을 안 쓰고 신선놀음하다가 꼴 좋지 싶었다. 자괴감이 날마다 목을 죄어왔다. 그렇게 세월을 죽이며 자기비하로 나날을 보내던 중 문득 자각하게 되었다. 섬광이 번쩍 하듯 깨달은 것이 아니고 현자가 꿈속에 나타나 진리를 가르쳐 주는 식의 그런 거창한 것도 아니었다. 그저 그렇게, 별 계기도 없이 일상 중에 슬그머니 다짐했다.

처음부터 다시 시작하자. 적수공권으로 시작한 일 아닌가! 맨손으로 시작한 일, 다시 시작하면 되지, 생각하고 마음을 다스리며 조금씩, 조금씩 나아갔다. 내수를 정리했으니 일본에서 오는 일만으로는 정말 미미했지만 적은 일감이라도 정성을 쏟았고 붓질 한 번이라도 더 해주었다. 그러자 거짓말처럼 마음이 차차 안정되어갔다. 아직 완전치는 않지만. 마음에 평화가 찾아오니 모든 것들이 제 자리를 찾아가는 느낌이다. 요즘도 되뇐다. 그래 이왕 잃어버린 것은 '잊자. 잊어야 한다. 아직 늦지 않았다.'

한창 어려워 끙끙댈 즈음 여러 지인으로부터 많은 응원의 메시지를 받았다. '이 또한 지나가리라' 라는 글을 보내준 분들이 여럿 있었다. 그때는 사실 별로 위안이 되지 않았다. 나도 안다구~ 그러니까 언제 지나 가냔 말이야! 지금 당장 죽겠는데! 남의 일이라고 쉽게들 이야기한다. 뭐 이런 심정이었다. 그런데 정말 지나가고 말았다. 뭐 상황이 그다지 좋아진 것은 아니다. 내 맘이 그렇게 지나가게 해버렸다. 이제는 안다. 잘 나갈 때도 지나가며 어려울 때도 지나간다는 것을. 잘 나갈 때 겸손하고 어려울 때 기 죽지 말아야 한다. 다들 누구나 잘 알고 있으면서도 실천하기는 정말 힘든 이 말을 이제는 조금 알 것 같다.

이제 죄 없는 글쓰기에 눈 흘기지 말고 나의 내면과 화해할 때다. 돈에 그렇게 안달복달하며 속물처럼 살기에는 시간도 없고 내 인생이 너무나 아깝다. 다행히 건강도 되찾고 마음도 조금 안정되었으니 진심을 담아 즐기며 써 보기로 하자. 철딱서니 없는 신변잡담이라도 다시 풀어보기로 하자. 이 상황 또한 지나가고 있으므로, 후회 없는 맺음을 하기 위해 하루하루를 보다 소중히 하며 살자.

녀석은 어디로 갔을까

1970년대 후반 운전면허증을 땄다. 직장생활 중에 없는 시간을 쪼개어 어렵사리 취득한 거다. 당장 차를 살 계획은 없었지만, 곧 마이카 시대가 온다 하니 따 두어야만 할 것 같았다. 면허 취득 후 가끔 회사 기사의 도움으로 회사 차를 끌고 아무도 없는 곳에서 연습이라고 하곤 했지만, 흉내나 낸 수준으로, 장롱 면허가 되어 7년을 묵혔다. 그러는 동안에 다니던 회사를 퇴직하고 직접 회사를 차리자 여러 가지로 필요해서 차를 구매했다. 대우자동차의 수동형 르망이었다. 자동이 드물던 시절이었다.

차는 생겼고 면허증도 있지만, 운전할 수가 없었다. 장롱면허이기 때문이다. 운전을 완전히 마스터 하지도 않고 왜 차부터 덜컹 샀단 말인가. 후회되며 아파트 주차장에 붙박이로 주차되어있는 녀석이 밉살머리스럽기까지 했다. 서둘러 도로연수를 하면서 한편으로 녀석을 끌고 아파트 단지 안에서 운전 연습을 했다. 위험한 곡예 운전을 시작한 거다. 수동형이었기에 운전이 더욱 어려웠다. 툭하면 시동을 꺼트리고 당황하기 일쑤였다. 내 마음대로 안 되는 녀석을 잘 몰기 위해 무리한 연습을 계속했다. 이제와 생각하니 인사사고 안 내기 천만다행이었다.

우여곡절 끝에 겨우 차를 몰 수 있다고 생각하고 도로에 나섰지만 겨우 직진만 하는 수준이었다. 무슨 용기로 그랬는지 그 수준에 녀석을 끌고 안산에 있는 거래처로 납품에 나섰다. 사무실이 있는 대치동을 출발하여 엉금엉금 기다시피 과천을 지날 때 기어이 사고가 나고 말았다. 직진하여 오는 차들을 확인도 하지 않고 우회전을 하여 큰길로 나서다 팔 톤 트럭 뒷바퀴에 운전석 쪽 앞부분을 부딪치고 만 것이다. 휀다가 심하게 우그러지고 앞 범퍼가 떨어져 나가 도로에 나뒹굴고 있었다. 정신이 아득한 중에 차 문을 열고 밖으로 나오니 트럭 기사가 놀라 뛰어오고 때마침 지나가던 경찰차가 사건을 수습했다.

과천 경찰서 교통계로 끌려가 조사를 받았다. 차의 뒷바퀴와 충돌했으니 내 과실이란다. 그때는 차 부서진 것만 안타까워 뭔가 억울한 심정이었지만 지금 생각해 보면 운전 미숙자의 실수로 아무 잘못도 없이 반나절이나 경찰서에 잡혀있던 그 트럭 운전사에게 미안한 기분이다. 그때 몸 안 다친 것만 해도 천만다행이었다. 내 차는 레커차에 끌려 공업사로 들어가고 사흘 후 수리가 끝났다고 연락이 왔다.

공업사로 가보니 외형은 원상 복구가 되어 있었으나 수리된 부분의 색과 기존의 색이 달랐다. 금색으로 반짝반짝 윤이 나던 내 차가 얼룩진 똥색으로 보였다. 어디다 하소연할 길 없는 억울한 기분으로 차를 끌고 나오다가 또 접촉사고를 내고 말았다. 공업사의 입구를 나서다 달려오는 소형트럭과 차 앞 모서리를 부딪쳤다. 옥신각신 큰소리가 오가고, 트럭 기사는 재수 없지만 쌍방과실로 하자며 휭 하니 떠나가 버렸다. 차는 다시 공업사로 되돌아갈 수밖에 없었다. 접수하던 늙수그레한 도장부 직원이 참 돈도 많으시우 하며 어이없다는 듯 농담조로 비아냥거렸다. 처음 운전을 하는 이들은 대개 중고차를 사서 초보딱지를 뗀 후 새 차를 산다는데 나는 친한 후배였던 판매사원의 열성에 져서 금색으로 반짝반짝 빛나던 이 녀석을 덜컥 구매하고 만 것이다. 그리곤 이다지도 상처만 주고 있으니 녀석에게 미안할 따름이었다.

삼 년이라는 세월 동안 그렇게 자잘한 사고로 녀석을 괴롭히며 운전이 숙달되어가던 어느 날 아침. 출근하려고 아파트 주차장으로 내려간 내 눈에 녀석이 보이지 않았다. 초기, 잦은 접촉사고로 돈도 많이 들고 마음도 상하던 시절은 지나 있었다. 이젠 완전히 운전에 재미가 붙어 동네 목욕탕을 갈 때도 녀석을 몰고 다닐 정도가 된 즈음이었다. 분명 전날 밤 집 앞 주차장에 차를 주차한 것이 분명한데 귀신이 곡할 노릇이었다. 혹시나 하고 아파트 안을 헤매다 출근 시간에 쫓겨 퇴근 후 다시 찾아보기로 했다. 그렇게 사흘을 녀석을 찾아 헤맸으나 허사였다. 결국, 분실신고를 하고 보험금을 타 새 차를 구매했다.

받은 보험금에 돈을 더하여 한 등급 위의 새 차를 샀지만 영 개운치 않았다. 물론 새 차를 타는 기분은 나쁘지 않았으나 잃어버린 녀석에게 왠지 미안했다. 이리저리 부딪치고 깨지며 실컷 고생만 시킨 나의 첫 애마. 보험사 직원의 이야기로는, 어딘가 섬으로 넘어가 돌아다니기도 하고 더러는 엔진만 따로 떼어 배의 발동기 엔진으로 사용하기도 한단다. 온통 뒤숭숭한 이야기뿐이다. 나는 마음이 무거워지며 더욱 녀석이 안쓰러웠다.

운전이 미숙한 주인을 만나 고생만 실컷 하다 끝내는 행방불명이 되어버린 박복한 녀석. 불쌍한 녀석아 너는 정말 어디로 간 거니?

아침 산책

가랑비가 아침 어스름에 속삭이듯 조용조용 내리고 있었다. 베란다 창으로 흐르는 빗물을 바라보다 우산을 들고 밖으로 나가 가랑비 내리는 길을 가만가만 걷기 시작했다.

골목을 돌아 나와 큰길을 건너 올림픽공원 안으로 들어서니 공원길은 빗속에 더욱 한산했다. 먼지가 풀풀 날리던 산책로는 간밤에 내린 비로 군데군데 조그만 물웅덩이마저 만들어 놓았다. 습기를 잔뜩 머금은 풀잎들은 아침이슬 같이 반짝반짝 빛나는 영롱한 물방울들을 잎에 얹어놓고 오랜 목마름 끝의 단비를 소중히 간직하는 듯 보듬고 있었다. 그 속에서 삐죽이 솟아오른 꽃대 위의 이름 모를 풀꽃들은 맛있는 옹달샘을 양껏 마신 어린 사슴의 모습이다. 두 귀를 쫑긋 세우고 사방을 둘러보는 듯한 모습으로 저마다의 가녀리고 풋풋한 자태를 뽐내고 있다. 머금었던 빗물을 뚝뚝 떨어뜨리고 있는 키 높은 나무들은 빗물 방울을 우산 위로 떨어뜨리며 나에게 반갑게 인사를 하는 것 같다. 공원 안은 온통 푸르른 녹색의 세상이었으며 작게 움직이는 새 생명의 경연장이다.

자아가 형성된 후로는 남의 시선 의식하지 않아도 되는 혼자만의 아침 산책을 좋아했다. 우선 아침의 신선함도 좋았지만, 아침 일찍 이라서 산책길의 한적함이 마음을 편안하고 안온하게 해주어 유유자적, 나만의 세계에서 마음껏 생각의 나래를 펼 수 있기 때문이었다.

막 돌이 지나 걸음마를 시작할 즈음 소아마비 장애가 생겼다고 한다. 그것이 경찰공무원이었던 당신의 불규칙한 수유로 인해 생긴 병이라고 생각하셨단다. 그리하여 그것이 가슴에 못이 되신 어머니는 감기로 열이 펄펄 나는 자식을 등에 업고라도 등교시킬 만큼 엄격히 나를 키우셨다. 그 때문일까? 엄격한 사랑 속에서 열심히 공부하는 것만이 할 수 있는 일의 전부였던 소년은 소아마비 장애로 인해 조금 내성적이긴 해도 곧고 밝게 자랄 수 있었다.

빗속이라 조깅을 하는 이는 하나도 없고 블록이 깔린 길에는 공원 직원인 듯한 사람이 한 손에는 우산을 들고 다른 한 손으로 핸들을 쥐고 천천히 자전거를 타고 지나가고 있었다. 물웅덩이 옆의 가장자리를 찰박찰박 걷는데 저 앞에서 희미하게 사람의 모습이 보였다. 안개비 같은 가랑비 속에 포근한 기분은 들지만, 아직 새벽녘이어서 멀리까지는 잘 보이지 않아 그 모습이 두 사람의 남녀인 것은 제법 가까운 거리가 되어서야 알 수 있었다. 큰 우산을 든 남자가 거동이 부자유스러워 보이는 여자를 부축하며 오고 있는데 그 남자도 걷는 모습이 정상적이지는 않아 보였다. 완전히 앞까지 가까워지자 그 남자가 목례로 인사를 했다. 엉겁결에 나도 인사를 하고 보니 몇 달 전인가 이른 봄에 이 공원에서 만난 적이 있는 일행이었다.

그때, 봄날 오전 수많은 상춘 인파 속에서 서로 부축하고 의지하며 산책을 나온 그들에게 봄나들이 나온 많은 사람은 동정 어린 시선으로, 또는 에이, 저 몸들을 하고 여긴 왜 나왔나? 하는 태도로 뒤돌아보곤 하였다. 그 몸짓 그 시선이 얼마나 싫은지를 나는 안다. 신체적으로만 비교우위에 있는 이들의 값싼 동정심은 안 베푸느니만 못하다. 저 사람들에 비해서 나는 얼마나 다행이냐 하는 상대적인 안도감이 섞인 관심보다 아예 모른 척하는 무관심이 더 좋다. 눈높이를 맞추지 않고 진심이 결여된 친절과 동정심은 결국 그 속내가 드러나게 되고 상대방에게 상처만 주게 된다.

나는 처음에는 조금 의아해했다 부부인가? 아니겠지! 부부가 둘 다 저 지경이 되는 불운은 악마라도 내리지 않을 거야 그때 조금 이상해 보이는 나의 걸음걸이를 그들도 보았던 모양이다. 동병상련이랄까? 우리는 근처 정자의 벤치에 앉았다. 그리고 서로 얘기를 나누며 그들의 사정을 알게 되었다. 그들은 뇌졸중의 후유증으로 한 쪽이 마비되어 공원 근처 병원에 입원해서 알게 된 사이란다. 일 년 정도 먼저 발병한 남자는 손수 운전도 할 수 있을 정도로 좋아져서 이제는 나중에 입원한 그녀의 재활 도우미 노릇을 하는 관계였다. 그는 명랑하고 외향적이어서 농담도 곧잘 했다. 여자 쪽을 보살피는 태도에 진심이 배어 있었다.

이런저런 얘기 끝에 우리는 헤어졌다. 그때 배려와 봉사 등에 대하여 많은 생각을 했었다. 특히 그 남자의 구김살 없는 성격과 자기보다 더 안 좋은 그녀에 대한 애정 어린 보살핌은 나를 포근하고 따뜻한 기분에 젖게 했다. 그리고 그다음 쭉 안 보여서 궁금했었는데 이렇게 비 오는 어둑새벽에 다시 만나다니 너무나도 반가웠다. 그동안 날도 덥고 사람들 시선도 부담스러워 새벽에 주로 나왔다고 한다. 반가움의 인사를 나누고 우리는 다시 헤어졌다. 그들은 변함 없이 서로 마음으로 의지하고 위로하며 이 험한 세상을 정상인보다도 더욱 꿋꿋하고 당당하게 살아갈 수 있을 것이다.

나도 인제 그만 집으로 돌아가기로 했다. 공원을 한 바퀴 돌아

나가는 산책로의 입구 쪽에는 이제는 제법 사람들의 모습이 보이기 시작했다. 아무리 비 오는 아침이지만 역시 여름 날씨여서 가볍게 걸었는데도 온몸이 땀으로 흠뻑 젖었다. 발밑을 보며, 걸으며 생각했다. 되돌아보니 왜 그렇게 억척을 떨며 살아왔는지, 무엇이 나를 그토록 몰아세웠는지, 왜 세상을 그토록 경쟁 구도로만 보고 살아왔는지, 그렇다고 크게 이루어 놓은 것도 없으면서….

한 치 앞만 보고 죽어라 달려온 내 인생에 남는 것은 과연 무엇일까? 자문자답해 보지만 해답은 없다. 아니 내가 벌써 알고 있는지도 모른다. 이제는 조금 내려놓을 일이다. 어차피 이제 나이도 들어 발버둥을 친다 한들 어쩔 수 없다. 새로운 세상을 향해 나아가자. 새 인생을 살아보자. 사회에 봉사하며 살지는 못해도 헛 욕심 버리고 나에게 좀 더 충실하고 뭔가 격조 있게 살아보자.

내일 아침에도 공원 산책길에 안개처럼 가랑비가 조용조용 내려 주면 좋겠다. 나는 또 우산을 챙겨 들고 그 길을 자박자박 걸을 것이다.

때時를 기다리다

일본의 역사에서 군웅이 할거하는 가장 박진감 넘치는 시대를 센코쿠戰國 시대라 한다. 전국이 여러 작은 나라들로 갈라져 다이묘大名라는 독립된 영주들이 세력을 확대하려는 격렬한 전쟁을 벌이는 시기가 전국 시대이다. 그 전국시대 말 오다 노부나가織田信長에 의해 통일의 기초가 마련되고 도요토미 히데요시豊臣秀吉가 통일을 이루고 죽은 후, 인고의 세월을 참고 견디며 때를 기다리던 도쿠가와 이에야스德川家康는 에도(동경)에 바쿠후를 열고 지배체재를 확립한다.

오와리尾張라는 지금의 나고야 지역의 신흥 다이묘 오다 노부히데의 적자로 태어나 못 말리는 말썽꾸러기로 자라나는 노부나가는 파격적인 행동으로 '오와리의 큰 멍청이'라는 비아냥을 받지만, 일체의 구습을 타파하는 난세의 기린아로 자라난다. 급사한 아버지의 위패에 향을 집어던지는 파격적인 행동으로 집안을 이어받은 그는 반목하던 집안을 일시에 제압한 후, 그즈음 전국 지배의 꿈을 이루려 교토로 상경하는 이마가와 요시모토의 4만 대군을 불과 4천의 군세로 오케하자마桶峽間에서 기습 공격하여 대승을 거두고 일약 전국의 실력자로 등장한다. 어쩔 수 없이 요시모토의 선봉에 섰던 이에야스는 패전을 틈타 고향의 가신들에게 돌아가 훗날을 도모한다.

한편 오와리의 농부의 아들로 태어난 히데요시는 의붓아버지의 박대에 집을 나와 전국을 떠돌며 행상을 하다가 노부나가의 눈에 띄어 짚신 담당이 된다. 그는 주군의 짚신을 품 안에 넣어 따듯하게 하여 내어놓는 등의 기지와 충성심으로 파격적인 출세를 거듭한다. 물론 히데요시의 영민함도 이유의 하나겠지만, 출신 성분을 가리지 않고 인재를 중용하는 노부나가의 시대를 앞서가는 지혜가 있었기 때문이다. 노부나가가 아케치 미쓰히데明智光秀라는 휘하장수의 배반으로 교토의 혼노지本能寺에서 기습당해 사망하자 싸우던 적과 급히 강화를 맺고 교토로 돌아와 미쓰히데를 무찌른다.

주군 노부나가에게 심취하여 그를 위해서라면 죽기를 마다치 않던 히데요시였지만 충심으로 승복하던 주군이 죽자, 나라의 주인이 될 사람은 자신이라고 생각한다. 그는 오다 군단의 수석 장수였던 시바다 가쓰이에柴田勝家 등을 무찌르고 이에야스와 친척이 되는 등 당근과 채찍을 교묘히 사용하여 정권을 잡아 일본을 통일한다. 이에야스는 이때도 히데요시의 휘하에서 뒷날을 기약하고 히데요시 사후 결국 패권을 잡는다. 역사에 가정은 없다지만 만일 노부나가가 죽지 않았다면 어떻게 되었을까? 미쓰히데를 잘 구슬려 히데요시처럼 충복이 되게 하고 이에야스도 객장客將으로 잘 대우하여 통일을 이루었다면 히데요시의 시대도 이에야스의 시대도 오지 않았으리라.

일본에 이런 이야기가 있다. '오다가 쌀을 빻아 히데요시가 만든 일본이라는 떡, 힘 안 들이고 이에야스가 먹었다.' 또 세 명의 스타일을 비유하여 '울지 않는 두견새는 오다는 죽이고 히데요시는 어떻게든 울게 하며 이에야스는 울 때까지 기다린다.'고 했다. 세 사람의 기질을 잘 보여주는 표현이다. 여기에다 내 나름의 느낌을 하나 첨가하자면 오다는 역사에 가속페달을 밟으려는 자였고 히데요시는 역사의 흐름을 이용하는 자, 그리고 이에야스는 역사의 흐름을 묵묵히 기다리던 자가 아니었나 생각된다.

일본에 출장을 가면 업무가 끝난 후 짧은 여행을 하곤 하는데 주로 책이나 드라마, 영화 등에 등장한 장소를 즐겨 찾는다. 노부나가가 부하에게 습격당해 죽은 혼노지도 찾아보았는데 그가 불길 속에서 자결하는 장면이 너무나 장렬하고 아쉬웠기 때문이다. 찾아간 그곳에 절은 간 곳 없고 표지석만이 남아 그곳이 노부나가가 최후를 마친 곳임을 말하고 있었다.

각자의 성격대로 살다간 그들의 삶도 이채롭다. 노부나가는 통일을 목전에 두고 불같은 생애를 49살에 끝냈다. 모든 구습을 거부하고 의표를 찌르는 발상의 전환으로 작은 영주에서 일거에 전국의 패자로 떠오른 그지만 측근의 반역은 어째서 눈치채지 못했는지 그의 너무나도 터무니없는 죽음이 안타깝기 그지없다.

한편 미천한 출신 성분과 볼품없는 외모에도 늘 낙천적이고 사람을 끄는 친화력과 지모를 지닌 히데요시는 기발한 전략과 부단한 노력으로 남들이 하지 못하는 일을 해치우며 승승장구한다. 사람의 마음을 읽는데 천부적인 재능을 지닌 그는 주군의 생전에는 그의 생각을 미리미리 알아서 처리하여 전폭적인 믿음 속에 성장해 간다. 노부나가가 죽은 후에는 경쟁자들을 제거하고 최고의 난적 이에야스에게는 이미 결혼한 누이동생을 이혼시켜, 시집보내기까지 하여 손아래 인척으로서 굴복시킨다. 마침내는 요즘의 총리격인 다이코의 지위에까지 올라 일본 전국의 실질적인 지배자가 되지만 국내에 더는 빼앗을 땅이 없어지자 대륙의 명나라를 침략하겠다는 망상에 빠진다. 그는 명나라에 가기 위한 길을 열라는 구실로 임진왜란을 일으켜 이웃 나라 조선에 막대한 피해를 주고 자신도 그 때문에 몰락의 길로 들어서게 된다.

명문 출신이 아니기에 대대로 영욕을 같이해온 가신도 없다. 만년에 얻은 아들 히데요리는 너무 어려 이에야스를 비롯한 다섯 중신과 심복 이시다 미쓰나리石田三成를 비롯한 다섯 가로에게 충성을 맹세케 하고 병상에서 울며 어린 아들을 부탁하지만, 그가 죽은 후 얼마 안 가 그의 집안은 멸문되고 만다. 아무리 본인이 불세출의 영웅이라 해도 기반이 너무 약하고 후계구도의 문제점이 집안을 그의 당대로 끝나게 한 원인이 아니었나 싶어 마음이 착잡하다.

반면 이에야스는 젊은 시절에는 무모한 혈기도 있었지만, 나이가 들어감에 따라 답답하리만치 신중하고 속을 알 수 없는 너구리가 되어간다. 장남 노부야스를 노부나가의 명에 의해 자결케 하면서도 그와의 유대를 끊지 않고 앞날을 위해 자신을 낮춘다. 일본의 패자가 되겠다는 염원으로 모든 것을 참고 때를 기다리는 것이다.

히데요시가 죽자 일본을 놓고 자웅을 겨룬 세키가하라의 싸움에서 미쓰나리를 물리치고 세이이 다이쇼군征夷大將軍이 되어 지금의 동경인 에도에 바쿠후를 연다. 그리고는 곧 아들 히데다다에게 쇼군의 자리를 물려주고 오고쇼가 된다. 왕위를 물려주고 상왕이 되는 격으로 도쿠가와 집안의 세습을 공식화한 것이다. 이후 도쿠가와 집안이 대대로 쇼군직을 세습하면서 일본인들이 제일 좋았던 시기라고 말하는 애도 시대가 계속된다. 이에야스는 75세를 일기로 다다미 위에서 편히 눈을 감는다.

'인생은 무거운 짐을 지고 먼 길을 가는 것과 같다. 서두르지 마라. 불편함을 일상사로 생각하면 그리 부족함이 없는 법. 마음에 욕망이 솟거든 곤궁했을 때를 생각하라. 미치지 못한 것은 지나친 것보다 낫다.' 그가 살아생전 했다는 여러 이야기 중 하나다. 각박한 도시 생활 속에 삶의 여유를 잃고 시간에 쫓기며 사는 조급한 현대인에게 많은 것을 생각하게 하는 이야기다.

말

동창회를 다녀온 집사람이 약간 시무룩한 표정이다. 나는 성당의 봉사 모임인 레지오 마리에 회합엘 다녀온 길이다. 생전 이 아픈 줄 모르고 살아왔는데 사흘 전 치통으로 치과를 다녀온 후 술을 멀리하고 있다. 즐기는 2차 술자리도 빠지고 돌아온 길이다. 평소 같으면 술 안 마시고 왔다며 반색할 아내가 칭찬 한마디 없이 뭔가 생각하는 표정이다.

왜 그러느냐고 묻는 내 말에 침묵을 지키던 아내가 한숨 섞인 소리로 말한다.

"여보, 내가 그렇게 늙어 보여?"

대답 대신, 전혀 예상 밖의 질문을 한다. 평소 관리를 잘 해서 뽀얀 피부에 어디를 가나 예쁘다는 소릴 듣고, 특히 남편의 아부 섞인 립 서비스에 익숙해 있던 그녀가 뭔가 충격적인 소릴 들은

게 분명했다.

사연인즉 동창회에서 무슨 말을 들은 모양이다. 초등학교 시절 경기도 시흥에서 서울로 이사하며 장인께서 자리가 잡힐 동안 셋째 딸인 아내만 시골 할머니께 두고 가신 모양이었다. 2남 5녀의 자녀들이 언니 오빠는 공부 때문에, 동생들은 너무 어려서라는 이유로 가운데인 아내만 떨어트려 놓으신 모양이다. 마음이 짠한 부모님은 종종 책가방이며 옷가지를 사서 보내셨단다. 예쁜 옷에 책가방을 메고 등교하는 아이는 어렵던 시절 책보를 옆구리에 끼고 등교하던 시골 학교 애들에게는 부러움의 대상이었을 것이다.

아내는 5학년 때 서울로 전학했지만 지금도 만나는 시골 친구들의 권유로 그 학교 동창회에 갔단다. 자기는 졸업을 안 했으니 자격이 없다며 쭉 안 가다가 하도 오라니까 처음으로 간 모양이다. 당연히 전학 이후 초대면인 사람도 있을 것이다. 그중에서 아내는 기억도 없는 '시골 할머니'가 첫 대면에,

"너도 많이 늙었구나?"

하더란다. 그러면서 자못 심각한 표정으로 계속 거울 속을 들여다보는 것이다. 손녀가 초등학생인 할머니가 나이 든 것은 당연한 일이고 늙은 것을 늙었다는 그 동창의 말이 틀린 것은 아니지만, 기분 좋게 들리지 않았나 보다.

나는 터지려는 웃음을 참으며,

"당신 그 학교에서 공주였다며? 질투가 나서 하는 소리야! 그때 생각하고, 그렇지만 그 여자 참, 말 못 한다. 오랜만에 만난 사람한테 그게 뭐야! 염려 마. 당신 나이보다 훨씬 어려 보이고 예뻐! 정말이야!"

아부성 발언을 연발하며 바라보는 내 눈에 심각한 아내의 표정이 너무나 귀여워 보였다. 그러면서 이 상황과 대비되는 한 장면이 떠올랐다. 언제였던가? 동생같이 지내는 L이 한 말이 생각났다.

그는 부부끼리 서로 친하게 지내는 성당의 교우인데 알루미늄 관계의 사업을 하는 60대 초반의 밝고 건강한 친구다. 어느 일요일, 미사에 보이지 않기에 궁금하기도 하여 같이 점심을 먹자고 전화를 했다. 부인은 약속장소에 바로 나왔는데 그는 산행 중이었다. 나는 평소대로,

"혼자서 산은 무슨 산이야, 자매님 내가 납치했으니 빨리 와!"

하고 농담조로 말했다. 주문한 추어탕이 기분 좋은 소리를 내며 끓는 사이 알맞은 시간에 땀을 훔치며 그가 나타났다. 적당히 올라가다 중간에서 돌아왔단다. 즐거운 대화 속에 식사가 끝나고 밥값을 치르려 하니 계산대직원이 L을 가르치며,

“저분이 벌써 하셨어요.” 한다.

밥 먹자고 부른 내가 내야지 왜 계산을 했느냐?고 하자 불러 주시는 것만 해도 고마운데 밥값 정도는 내야지 않겠느냐 라며 환히 웃는다. 얼마나 말이 예쁜가! 우리의 대화는 찻집으로 이어지고 즐거운 마음으로 하루를 마감할 수 있었다.

우리는 살면서 무수히 많은 말들을 하고 산다. 얼마 전 동창 모임에서 프로야구가 화제에 올랐다. 요즘 플레이오프 진출팀이 가려지는 숨 가쁜 순위경쟁을 하는 중이다. 저마다 한마디씩 하는데 P가 운동장엔 한 번도 안가는 놈들이 TV만 보고 아는 척한다고 했다. 순간 좌중은 썰렁해지고 나는 안타까웠다. 중계방송도 재밌지만 가서 보면 현장감이 있고 더 재미있다. 정도만 해주었으면 얼마나 좋았을까? 남에게 상처가 되는 말도 있고 남의 가슴에 봄바람을 일으키는 말도 있다.

말 한마디에 천 냥 빚을 갚는 다는데 나는 과연 천냥빚을 갚고 있을까? 지고 있을까?

멋있게 살기

동네의 전철역 앞 생맥주 전문점에서 좋아하는 후배 J 부부와 가벼운 술자리를 가졌다. 후배는 아! 이런 사람이 실제로 있긴 있구나! 할 정도로 세상을 바르게 사는 친구다. 세상을 십년 정도 더 살아온 내가 배우며 지낸다. 부인은 또 맑고 밝다. 내가 설령 모자라는 점이 있더라도 말고 밝은 그 것만으로도 모든 것이 다 용서된다,고 농 섞어 말하면 까르르 웃는 모습은 나까지도 기분 좋게 만든다.

그와 만난 것은 그나 나나 혈기 왕성하고 사업도 잘되던 '화양연화'의 시절이었다. 공부 좀 해보자고 어느 대학의 AMP 과정에 입학한 때다. 처음 본 그는 감색 싱글이 잘 어울리는 39세의 패기만만한 사업가였다. 세련되고 깔끔한 인상이었다. '멋 좀 아는 친구군!' 패션에 관심이 많고 옷 좀 입을 줄 안다고 자타가 공인하던 나는 묘한 동료 의식을 느꼈다. 인사성도 밝아 한 반이 되어 같이 공부하는 사람들에게 일일이 깍듯이 인사를 하며 다녔다. 초면에 먼저 다가가지 못하는 성격인 나에게는 그 모습도 신선하게 다가왔다.

사는 곳도 전철 두 정거장 거리여서 친해질 수 있는 여건은 두루 갖추고 있었지만 서로 바빠 졸업할 때까지 그리고 근 십년이 지난 몇 년 전까지도 같이 공부한 좋은 느낌의 동생으로 머물러 있었다. 그렇게 서로의 속사정은 모른 채 가끔 만나 밥 먹고 술 마시는 친구로 지내는 사이에 내 상황은 점점 안 좋아졌다. 큰 수술을 두 번이나 하고 사업 부진과 투자실패 때문에 죽음까지 생각할 정도로 막바지에 몰려있던 나는 여러 날의 고민 끝에 그를 찾았다. 내 것 남 주기 싫어하고 남에게 신세 지는 것도 질색인 말 그대로 서울깍쟁이인 내가 난생처음 타인에게 아쉬운 소리를 한 거다. 나는 막다른 골목에서 그에게 손을 내밀었고 그는 그 손을 흔쾌히 잡아 주었다.

그는 나를 우선 병원부터 데려갔다. 우울증 치료를 잘한다. 며 신경 정신과가 아니라 한의원으로 안내했다. 나는 우선 편안히 털어놓으라는 원장님 말에 편안한 소파에 등을 기대고 한 시간이 넘게 하소연을 했다. 창피함과 후련함이 겹치는 기분이었다. 그리

고 한약 한재를 받았다. 그는 약값을 치르며,

"정성껏 드세요. 약은 정성이래요."

하고 씩 웃었다.

생각해보면 많은 친구와 친척들이 있었지만 그를 찾게 된 것은 둔한 나에게도 그의 인격이 보였기 때문인 것 같다. 일 년 후, 그리도 안 팔리던 부동산 중 연립주택이 팔려 우리의 채무관계는 해피엔딩으로 끝났다. 그 와중에도 그는 같이 소속된 단체의 연회비 등을 대납하고 있었고 힘드신데 머리도 식힐 겸 형수님과 다녀오시라며 해외여행도 주선하는 거였다. 사람이 염치를 알아야 한다지 않는가. 여행 건은 정중히 사양하였고 회비 등은 다음 해 년도 회비는 그의 몫까지 내가 내는 식으로 조금씩 정리해 나갔다. 그는 입도 무거워 저간의 사정을 그의 아내는 전혀 모르는 눈치다. 내가 속을 보인 후 그도 이런저런 속사정을 털어놓아 우리는 더욱 돈독해졌고 나는 그의 옆에서 그를 보며 많은 것을 배우고 있다.

특수원단을 개발하여 아웃도어용 스포츠 의류를 제작 생산하는 그는 생산품 전부를 메이커에 납품한다. 한때 눈부시게 성장하던 그의 회사도 여러 가지 사정으로 요즘 좀 힘들다. 더욱이 최근에 봉제 업체의 실수로 크게 배상청구에 걸렸다. 때문에 해외 공장에서 생산 중이던 제품까지 정지시키는 등 수십억의 손해를 보았다. 그러면서도 남 원망하지 않고 무리 없이 조용히 처리해 나간다. 그 모습을 지켜보면서 사업가의 저력을 느꼈다. 기도하는 것만이 할 수 있는 일의 전부였던 내가 너무 미안했다.

가진 것의 많고 적음이 사람의 행, 불행을 결정하는 것이 아니라는 것도 요즘 느낀다. 재산이 많은 자보다 마음이 부자인 사람들이 자선 행위에 먼저 나선다는 것도 느낀다. 부자라고 많이 베푸는 거 아니에요. 평범한 사람들이 더 베풀고 살아요. 요는 마음이죠! 친구 아내가 한 말인데 맞는 말인 것 같다. 중후 장대를 흠모하면서도 갈데없는 경박 단소형인 나는 남자다운 선 굵은 멋스러움, 이런 것이 하고 싶다. 사내다워지고 싶은 거다. 멋스러워지고 싶은 거다. 그러나 억지로 해보려 해도 소심한 성격 탓에 잘 안된다. 안 맞는 옷을 입은 듯 부자연스럽고 어색하다. 그러나 이즈음 배려하는 즐거움은 조금씩 알아간다.

J 와 오래 사귀다 보면 인간의 격, 사람다움이 자연히 몸에 익어 멋있는 남자가 될 수 있을 것 같다.

몽키 바나나
—첫 키스의 추억

찌는 듯한 무더위가 한풀 꺾이고 기분 좋은 산들바람이 살갗을 스칠 때, 이 좋은 가을을 서울에 두고 적도 지방으로 여행을 떠났다. 지겨웠던 더위 속으로 다시 들어서는 꼴이다. 비행기는 여섯 시간 반 만에 한밤중의 쿠알라룸푸르 공항에 우리를 데려다 놓았다.

해외여행이 자유화되기 이전부터 회사 업무로 혼자 다니기 시작한 탓인지 패키지보다는 개인 여행을 선호하지만, 이 모임의 여행만큼은 될 수 있는 대로 참여한다. 같이 공부한 대학원 동기 모임의 연례행사로 하는 여행이다. IMF가 터진 다음 해 어수선한 공기 속에서도 인도네시아의 발리를 다녀온 후로 이십여 년 이어지고 있는 연례행사다. 여행은 여행 자체만으로도 즐거운 행위지만 누구와 함께하느냐가 그 여행의 즐거움을 좌우한다. 그런 의미에서 나이를 떠나 동문수학하고 이십여 년의 해외 나들이로 친목과 팀워크가 다져진 이 모임의 여행은 늘 즐겁다. 게다가 회비로 미리 해결해 버리기 때문에 패키지여행의 3대 폐단인 가이드 팁과 선택 관광, 강제 쇼핑이 일절 없다. 한마디로 우리 동기들만의 VIP 여행인 거다.

둘째 날을 말라카를 돌아보며 즐겁게 보내고 셋째 날 힌두교의 성지인 바투 동굴 관광에 나섰다. 힌두교의 수많은 신중 무르간 신을 모시는 동굴이란다. 높다랗게 올려다보이는 272개의 계단 위의 동굴 관광을 마친 일행들이 모두 버스에 오르고 인원 체크가 끝나자 가이드가 무언가를 우리에게 나누어 주었다. 몽키 바나나였다. 보통 바나나의 3/1 크기도 안 되는 그 바나나는 껍질도 얇고 보통 바나나보다 더 달았다. 자연에서 익은 무공해 자연산이란다. 먼 옛날 정글의 원주민이 이것을 발견하고 먹어도 되나 안 되나 먼저 원숭이에게 먹여 보았는데 그 어떤 것보다 잘 먹어서 몽키 바나나라고 이름 지어졌단다.

가이드는 이름의 유래를 설명하며 맛이 어떠냐고 물어본다.
"맛있다."
"달다."
여기저기서 왁자지껄한데 앞쪽에 앉았던 내가,

"첫사랑 그녀의 입술 같이 달다."

고 농담 삼아 한마디 했다. 가이드는 그 말이 듣기 좋았는지 일행 모두에게,

"첫사랑 그녀의 입술 같답니다. 사모님 들으시면 큰일 나겠죠? 가이드 삼십 년에 이런 표현 하신 분은 처음입니다."

한다. 그리고 나에게 따로,

"첫사랑 그녀는 어디 있을까요? 이루어지지 못한 사랑은 더 달콤한 거죠."

라고 자그맣게 말했다. 내가 첫사랑과 헤어진 탓에 그런 표현을 했다고 지레짐작한 모양이다. 글쎄, 첫사랑 그녀는 지금 어디에 있을까?

오십 년도 훨씬 이전의 청춘 시절. 어느 봄날의 오후, 우리는 덕수궁 벤치에 앉아 있었다. 시간은 저녁 어스름이었던 것 같다. 사방이 조금씩 어두워지는 덕수궁 안 산책길의 약간 후미진 벤치. 조건은 완벽하고 분위기도 조성되었지만, 무척 망설였다. 가슴은 마구 방망이질을 해댔고, 손에는 땀이 고였다. 고등학교 내내 손 한 번 잡는 것에도 마음을 졸이던 우리는 거기서 첫 키스를 했다. 망설이던 나는 용기를 내어 그녀의 입술에 내 입술을 가져갔다.

그렇게 이루어진 첫 키스는 온갖 상상을 다 하며 지레짐작하

던 꿈같은 그런 느낌은 없었다. 얼떨떨하게 통과의례를 치른 것 같은 그냥 그런 기분이었다. 지금 생각해보면 무척 서툴렀다. 분명 그녀의 입술은 달콤한 촉감이었을 텐데 그것을 음미할 경황이 없었다. 첫 키스를 얼떨결에 끝내고 어찌할 줄 몰라 우물거리는 나보다, 약간 고개를 숙이고 차분히 앉아있는 그녀가 훨씬 침착하고 어른스러워 보였다. 그러나 그녀도 역시 마찬가지였나 보다. 얼마 후 그녀는 생애 '첫 키스에 정신이 아득하고 얼굴이 화끈거려 가만히 고개를 숙이고 있을 수밖에 없었다.'고 말했다. 그렇게 만난 지 삼 년 만에 첫 키스를 한 후 우리는 진정한 연인이 된 기분이었다.

친구로 만나 자연스레 연인이 되고 십년이라는 세월을 사귀었다. 세월이 흐르면 흐를수록, 만나면 만날수록, 헤어지기가 너무 싫어서 우리는 결혼을 했다. 그녀는 세월이 지날수록 짠순이 생활인이 되어갔지만, 신혼 초에는 아이를 등에 업고 버스 정류장에서 언제 귀가할지도 모르는 서방님을 하염없이 기다리던 일편단심 민들레였다. 그렇게 지지고 볶으며 사십 년이 넘는 세월을 살아왔다. 연애 기간까지 합치면 장장 오십 년이 넘는 세월이다. 그리고 올가을 우리는 말레이시아로 여행을 함께 왔다.

몽키 바나나만큼 달콤한 입술을 가진 첫사랑 그녀는 지금 버스 뒷좌석에 앉아서 오랜만에 만난 친구 부인들과 여행지의 수다 삼매경에 빠져있다. 귀국하면 몽키 바나나를 다시 먹어봐야겠다. 그리고 첫 키스를 회상하며 새삼스레 그녀와 입맞춤도 해봐야겠다. 푸르던 청춘 시절 그녀의 입술처럼 달콤한 맛일지 어떨지는 알 수 없지만.

신념과 집념

회사가 가까운 서울 서쪽 변두리에서 신혼을 시작했다. 그 시절 유행하던 프랑스식 이층양옥의 부엌 딸린 단칸방이었다. 아내가 시집오며 장만해온 혼수품과 첫 아이의 육아용품으로 방안은 꽉 찼지만, 그래도 책을 사들였다. 각종 문학 전집류와 그 시절의 베스트셀러 『대망』 등이었다. 월부로 사들인 책을 다 읽고 대금이 완불되면 다음 전집을 사는 식이었다. 외국어 학습을 위한 책과 테이프들도 사들여 비좁은 공간에 쌓여갔다. 지금처럼 동네 도서관이 없던 시절이고 직장인들 사이에 월부로 책을 사는 것이 유행하던 때였다.

세월이 흐르며 연탄보일러로 개별난방을 하는 13평 아파트로 내집 마련의 소망을 이루었고 그것이 17평에서 24평 36평들로 늘어나며 나에게도 소형 자동차와 근사한 책장이 생겼다. 그동안 궤

짝 같은 볼품없는 상자에 쌓아두었던 책들과 LP판들을 모양 좋게 진열할 수 있었다. 안방에도 화장실이 달려있다고 아내는 좋아했지만 방 세 개를 안방과 아이들 방으로 하나씩 나누니 서재의 꿈은 다음으로 미룰 수밖에 없었다.

새천년이 시작되며 이사한 집에서 소망하던 서재를 가질 수 있게 되었다. 인테리어 공사를 하며 서재에 맞게 커다란 책장을 짜 맞추고 이사 때마다 버리라고 구박을 받으면서도 열심히 끌고 다닌 책들을 정리하기 시작했다. 맨 위 칸부터 『한국문학 전집』, 『세계문학 전집』, 『빙점』, 『설국』, 등 일본 번역물과 단행본들이 가지런히 모양 좋게 꼽혔다. 주로 일본 책이었지만 원서도 더러 있었다. 큰맘 먹고 구매한 컬러판 『세계여행 대백과』와 하드 케이스에 정장도 멋진 동아 『세계대백과사전』 31권에 증보판 2권이 아래쪽을 차지했다. 책이 상당히 무거워 쉽게 뽑아보기 위함이었다. 한동안, 틈만 나면 서재에 틀어박혀 방바닥에 그것들을 펼쳐 놓고 세계여행을 하고 지식 여행을 했다.

나중에 알게 된 일이지만 그 대백과사전은 어린 시절 사서 공부한 적이 있는 동아 전과와 동아 수련장으로 유명한 김상만 회장의 작품이었다. 문화 선진국이 되려면 우리나라에도 영국의 브리태니커 같은 백과사전이 있어야 한다며 주위의 반대를 무릅쓰고 편찬한 책이라 한다. 이 백과사전을 만드느라 너무 힘을 뺀 동아 출판사는 그로부터 2년 후 운영난을 겪으며 두산그룹에 흡수되었다. 점차 전자화되어가는 시대의 흐름을 외면한 무모한 행동이었는지는 모르겠으나 한국의 브리태니커를 만들겠다는 신념에 찬 결단이었다고 생각된다. 어쨌든 동아 출판사가 망한 것은 안타까운 일이지만 이 대백과 사전은 그 후로도 오랫동안 아끼며 애독하던 나의 보물이자 자부심이었다.

인생사가 새옹지마라더니 한동안 잘 나가던 회사가 중국의 덤핑공세와 일본의 원전사고의 영향으로 존폐의 갈림길에 서게 되었다. 하는 수 없이 살던 집을 세놓고 그 돈으로 급한 불부터 끈 후 아들놈 장가보내려고 사두었던 송파의 작은집으로 이사하기로 했다. 이사 날짜가 다가오자 짐이 문제였다. 살던 곳의 반도 안 되는 공간으로 이사를 해야 하니 많은 것을 처분해야 했다. 나에게 부과된 임무는 서재 정리였다. 아파트 단지 안 도서실에도 더러 옮겨다 놓았으나 대부분 버려야 할 처지였다.

도저히 맨 정신으로는 그 짓을 할 수가 없었다. 비감에 젖어 식탁에 앉아 소주 한 병을 빠른 속도로 비웠다. 빈 속에 변변한 안주도 없이 비워버린 한 병의 소주는 나를 대범하게 만들었다. 서재로 들어가 책장 맨 위 칸의 책부터 뽑아내기 시작했다. 오랜 세월 버리라느니 못한다느니 실랑이를 하던 나의 자부심 어린 물건들이다. 그것들을 작은 마대자루에 담아 아파트 한쪽에 있던 종이류를 따로 거둬가는 커다란 통에 쏟아 붓기 시작했다. 술김에 힘든 줄도 모르고 여러 차례 왕복하다 보니 책들은 거의 없어지고 여행백과와 동아 대백과만 남았다. 아무리 술기운이라지만 그것만은 버릴 수가 없었다. 이사 하는 날, 평소 서재의 대형책상을 부러워하던 지방 지인에게 책상과 함께 주어버렸다. 전축과 아끼던 LP판도 함께 그 트럭에 실려 갔다.

그때는 사업 부진의 쇼크로 심한 정신적 공황 상태였기 때문에 별반 아까운 줄도 몰랐지만 이 년이 지난 후 우여곡절 끝에 살던 집으로 돌아오니 텅 빈 서가가 못내 아쉬웠다. 송파로 가져갔던 책들과 다시 모인 여러 가지 책자로 서재를 채웠지만 맨 아래칸을 육중하게 받쳐주던 동아 『대백과사전』이 못내 아쉬웠다. 돌려 달라 하기가 미안했지만, 안부 인사 겸 전화를 넣어보았다. 그러나 그 책은 그에게 없었다. 그가 그 지역의 마을문고에 기증했단다. 헛웃음이 나왔다.

작은 전화기 하나면 세상 어디와도 소통할 수 있는 세상이 되었다. 대백과 사전 33권의 방대한 분량도 네이버에 물어보면 손쉽게 금방 가르쳐준다. 그리고 대다수 사람이 그 길을 택한다. 그러나 원색 대백과의 그 묵직한 무게감과 펼치면 눈앞에 한가득 나타나는 사진과 활자들이 그리운 것은 다분히 아날로그적 인간인 나만의 상념일까? 곧 전자사회가 도래할 것을 알면서도, 문화 선진국을 만들겠다는 신념으로 뚝심 있게 밀어붙인 김상만 회장이 존경스럽다. 그는 비록 경제적으로는 실패했는지 모르겠으나 자신의 신념을 관철한 남자 중의 남자다.

시간을 내어 황학동에 나가볼 생각이다. 추억 어린 LP판을 고르던 레코드가게 옆 어딘가 헌책방에서 동아 대백과 한 질을 사올 요량이다. 나의 작은 집념이다. 그 시절 내 보물이자 자부심이었던 그것으로 허전한 내 서가의 아랫도리와 추억의 한 부분도 다시 채울 생각이다.

사랑, 어렵다

이번 여름에 많은 영화를 보았다. 삼십 도를 넘어서는 무더위가 연일 계속되자 피서 겸 문화생활로 냉방이 잘 되어있는 영화관으로 나들이 가기 시작한 거다. 요즘 극장은 경로 우대제도가 생겨 우리 같은 노년층은 관람료도 싸다. 집에서 취향대로 커피 한 잔 타서 보온병에 넣어 아내와 함께 나서면 피서 겸 데이트하기에 딱 좋다.

탐 쿠르즈 주연이라기에 무조건 보고는 쓴웃음을 지은 미이라를 시작으로 악녀, 박열, 덩케르트, 그리고 군함도를 보았다. 그러나 하나같이 만족을 주지 못했다. 특히 군함도는 그의 전작들인 베를린과 베테랑으로 한껏 기대에 부풀었던 류승완 감독 작품이었기에 실망은 더욱 컸다. 감독에 대한 기대가 너무 컸기 때문일까? 아니면 나에게 문제가 있는 걸까? 그 기간에 집에서 TV로 본 '바그다드 카페'가 제일 나았다. 배경음악 calling you도 긴 여운을 남겼다. 그런데 영화관람 복이 터졌는지 이번엔 영화 감상평을 하나 써야하기에 의무(?) 관람으로 영화 한 편을 보아야 했다. 지정받은 영화 제목은 'song to song' 상영관은 대한극장이었다.

전날 밤 친하게 지내는 지인과 술자리 대화가 길어져 새벽 세 시에 잠자리에 든 데다 계속된 작업으로 지쳐 있었지만, 약속은 지켜야 하기에 집을 나섰다. 지하철 충무로역에 내려 1번 출구로 다가가니 바로 영화관 입구가 나왔다. 60년대 초, 중학교 다닐 때 단체관람으로 처음 왔던 극장이다. 그때의 영화는 1, 2부로 나뉘어 중간에 쉬는 시간까지 있던 대작 영화 '벤허'였다. 찰턴 헤스턴 주연에 상대 배역 메살라 역의 스티븐 보이드가 인상적이던 영화다. 화면도 엄청 크고 아래 위층으로 이루어진 관람석이 대단했던 것으로 기억된다.

길 건너 골목 안엔 학생극장이란 타이틀로 운영하던 아담한 아테네 극장이 있었다. 엘비스 프레슬리와 앤 마거릿 주연의 비바 라스베이거스와 클리프 리처드의 틴 에이 져 스토리 등 청춘물을 보러 자주 들락거렸던 기억이 난다. 상영관으로 들어섰다. 옛날 대형 영화관의 대명사였던 그 큰 극장을 여러 개로 나누어 크고 작은 상영관을 여럿 만들었다. 우리가 들어간 3관은 처음 경험할 정도의 아주 작은 소형관이었다. 총 관람 인원은 우리 포함해서 다섯 명이다보니 초대받지 못한 곳에 찾아온 듯 왠지 예감이 불길했다.

결론부터 말하자면 내가 본 이 영화는 몹시 불친절하고 어려웠다. 뻔한 이야기를 왜 그리 어렵게 만들었는지? 몸이 피곤했지만 집중하려 엄청 애썼다. 영화를 보다가 조는 일 따위는 일절 없는 나다. 그런데 막판에는 몇 번이나 시간을 확인하며 졸음을 참느라 애썼다. 제목만 보고는 음악영화인 줄 알았는데 음악은 이야기의 배경일 뿐이다, 영화 중간쯤 귀에 익은 음악이 흘러나와 가볍게 발장단까지 맞추었는데, 그 음악이 유일한 위로였다. 음악인들의 사랑놀이이기에 콘서트 등이 배경에 깔리는 네 남녀의 사랑이야기다. 별로 달콤하고 따듯하지 않은 현실적인 사랑이다. 아는 배우라곤 음악 프로듀서의 아내로 나오는 나탈리 포트먼 정도이니 배우들도 낯설다. 무엇보다 감독의 의도적인 산만한 연출이 불친절이 되어 영화의 이해도를 막는다.

나는 맥 라이언, 줄리아 로버츠가 출연하는 로맨틱 코미디를 좋아한다. 조금은 비현실적이지만 마음을 따듯하게 해주기 때문이다. 비극이라도 가슴 뭉클해지는 러브 스토리라면 본다. 아내와 연애 시절 올리비아 핫세, 레너드 위팅이 주연한 '로미오와 줄리엣'을 보았었다. 그 시절 어린 연인이었던 우리와 영화 속 주인공들이 대비되며 공감이 생겨서 이었을까? 눈이 붓도록 울어버린 그녀 때문에 난감했지만, 아련하고 달콤했던 추억도 있다.

수많은 영화를 보아왔지만 영화를 보고 이런 기분은 처음이었다. 보고 나서도 이해가 안 되니 컴퓨터로 영화 전반을 검색해 볼 수밖에 없었다. 하버드와 옥스퍼드에서 철학을 배우고 MIT에서 철학 교수로 재직한 '테랜스 맬릭'이라는 명감독의 영화라는데 역시 이름이 낯설다. 얼핏 들은 것 같은 '천국의 나날들'의 감독이라니 조금은 친밀감이 생기지만 나 같은 비전문가에게는 역시 낯설다. 상반기 기대작이지만 관객에 따라 호불호가 명확히 갈리는 영화란다. 나에게는 너무 철학적이면서도 현실적인 영화인가? '레이디 가가' 등 유명 음악가와 배우들이 잔뜩 나오고 '발 킬머,' '홀리 헌터' 등도 출연했다는데 모르고 지나갔다. 내겐 영화 중 잠깐 나오는 제목이 생각 안 나는 그 노래를 들은 것이 그나마 보람이었다 할까? 피곤한 몸에 난해한 영화를 만나 더 이해를 못 한 것일 게다. song to song이 아니라 love to love가 맞는 영화가 아닐까도 생각해 보았다.

이제 사전 지식도 충분하게 채웠으니 컨디션 좋은 날 다시 한 번 보러 가볼까? 아내는 '택시운전사'를 예약하러 갔다. 80년 5월의 광주 얘기라는데 기대된다.

기분 좋은 아침

오늘따라 열매는 숲으로 들어가 용변을 보아 나를 편하게 해 주었다. 몇 달 전 손주들 인성교육에 좋다 하여 웰시코기 한 마리를 입양했다. 어릴 때는 아이들과 어울리며 온갖 재롱을 피워 인기를 끌었고 변도 잘 가리고 양도 적어 치우기도 쉬웠다. 그러나 원래 목축견이었다는 녀석은 덩치가 커지며 용변의 양도 많아지고 부산스럽게 온 집안을 헤집고 돌아다니며 사고를 쳐서 아내를 힘들게 했다. 결국, 운동 겸 용변처리의 특명이 나에게 떨어졌다.

원래 개를 좋아하는 성격도 아닌 데다 저녁형 인간인 내가 새벽에 개 산책 당번이 된 것이다. 용변 봉투를 챙기고 하품을 해대며 녀석을 따라나서는 것은 짜증이 나는 일이었다. 그러나 며칠이 지나자 녀석과의 가벼운 산행이 즐거움으로 다가왔다. 심하게 비가 내리지 않는 한 하루도 거르지 않았고 이제는 아침 7시가 되면 녀석이 먼저 내 방 앞에 앉아 어서 나가자고 낑낑거린다.

혼자 하는 산행이었다면 이리 열심히 하지는 않았을 것이다. 누이 좋고 매부 좋다는 식으로 녀석을 산책시킨다는 약간의 의무감에 내 몸도 위한다는 마음이 겹쳐 이젠 확실한 아침 행사가 되었다. 이제는 녀석이 나의 건강 도우미 노릇을 하는 거다. 녀석이 영리하게 숲속에서 용변을 보아주니 가져간 배변 봉투며 비닐장갑이 주머니에 든 채로 목적지에 도착했다. 나무로 넓게 데크를 짜놓고 지붕이 있는 아담한 정자도 만들어놓은 산행 중 첫 쉼터다. 서울의 북동쪽 불암산 기슭에 자리한 우리 집은 아파트 단지의 후문이 등산로에 바로 연결되어 있어 능선만 따라 계속 오르면 불암산 정상이다. 지금도 기분이 내키면 정상부근 헬기장까지 오르기도 하지만 열매와의 아침 산책은 여기까지다.

늘 하던 대로 녀석을 매어놓고 약 십 분쯤 열심히 스트레칭했다. 올라오는 길에 몸은 벌써 땀범벅이었지만 얼굴의 땀이 바닥에 뚝뚝 떨어진다. 양말을 벗고 정성껏 발 마사지도 한다. 수행하듯 정성껏 일련의 동작을 마치고 내려올 때, 문득 눈에 거슬리는 장면을 목격했다. 어제부터 등산로 보수공사가 시작된 모양인데 장비와 몇 명의 인력이 부지런히 오가며 열심히 작업한다. 한 편에 마실 음료와 큰 쓰레기봉투도 놓여있어 나름 주민에게 피해를 주지 않고 공사하려는 의도가 보였다. 그러나 인부들은 위쪽으로 올라가 있고 미처 치우지 못했는지 군데군데 담배꽁초와 빈 페트병 등이 나뒹굴고 있었다. 열매의 배변처리용 비닐장갑을 끼고 우선 그것들을 쓰레기봉투에 담은 후 하는 김에 배변 봉투를 꺼내 들고 등산로 양옆의 쓰레기를 치우며 내려오기 시작했다.

평소에는 무심코 지나치던 길이었는데 작정하고 시작하니 제법 많은 양의 쓰레기가 봉투를 채워가기 시작했다. 허리를 굽히고 사탕 봉지와 종이컵을 줍는데 중국인 부부가 지나가다 나를 보고 눈인사를 하며 뭐라 한다. 코리안 드림을 찾아온 조선족인지 한족인지는 알 수 없지만 요 몇 달 심심치 않게 마주치는 그들이었다. 아까 스트레칭 중에도 옆에서 뭐라 뭐라 중국어로 얘기하던 그들이었다. 내가 못 알아듣자 남편 쪽에서 엄지손가락을 위로 세우며 서툰 한국어로 "소지, 청소" 하며 웃어준다. 나도 기분이 좋아 씩 웃어주며 옛일을 회상한다.

70년대 중반 교토 본사에 연수 중, 출근길에 아침마다 마주치는 할머니가 있었다. 전철을 내려 회사까지 한 십분 걸어가는 길가에 있는 그 집은 대문 옆에 작은 신당도 만들어져 있었다. 아침마다 본인 집은 물론 남의 가게 앞까지 깨끗하게 비질을 하고 신당 앞에서 손뼉을 치며 기도하는 것으로 청소를 마감하는 것이었는데 마주치면 앞치마에 두 손을 모으고 허리 숙여 인사하시는 거다. 그 모습이 너무 정갈해 인상 깊이 남았고 선진국의 참모습을 보는 것 같아 신선했던 기억이 있다.

국위 선양이 별건가? 저 부부도 고국에 돌아가면 이웃들과 이 이야기를 하며 한국에 대한 호감을 이야기할 것이다. 오늘의 내 행위는 생활화되지 않은 돌발적인 것이었지만 여러 가지로 의미 있는 기분 좋은 일이었다. 계속 쓰레기를 주우며 내려와 등산로 입구의 쓰레기 처리장에 봉투와 장갑을 버리고 하던 대로 아파트 담을 끼고 정문으로 향하는데 버려진 쓰레기가 눈에 밟힌다. 장비는 없고 마음은 안타까운데, 설상가상 열매가 또 용변을 보는 거다. 난감해져서 두리번거리는데 옆에 내 얼굴만 한 플라타너스 가로수 잎이 보였다. 그 잎에 싸서 처리할 수 있어서 다행이었다. 흐뭇하고 기분 좋은 아침이다. 누가 보건 말 건 봉사를 한다는 것은 이렇게 사람을 기쁘게 한다. 내일은 좀 더 단단히 준비해서 나와야겠다.

순간의 선택이 인생을 좌우한다

국가의 정책이든 개개인의 인생이든 했어야 옳으냐, 하지 말았어야 옳으냐는 결과가 말해 준다. 우리는 수많은 선택의 갈림길에서 어찌해야 좋을지 망설이며 힘들어하지만 결국 어느 쪽으로든 선택을 할 수밖에 없다. 그리고 그 선택의 결과로 많은 것이 달라진다.

1997년 11월에 터진 IMF의 여파로 온 나라는 벌집을 쑤신 듯 뒤숭숭했다. 많은 기업이 문을 닫았고 그에 따라 실업자도 크게 늘었다. 친구 중에는 강제로 퇴직을 당한 이도 있었고, 연쇄 부도로 회사를 정리한 친구도 있었다. 너는 거래처가 외국이라 다행이라며 다들 부러워했지만, 내 사정도 여의치 않았다. 나는 나대로 선택의 갈림길에 서 있었던 거다. 외화 가치의 상승으로 환전의 이점은 있었으나 수주량 대부분을 덤핑공세로 나오는 중국에 빼앗기고 사업은 내리막길을 걷고 있었다.

80년대 초부터 중국은 사회주의 시장경제 체제로 들어갔다. 검은 고양이든 흰 고양이든 쥐 잘 잡는 고양이가 좋은 고양이라는 '흑묘백묘론'을 앞세운 덩샤오핑의 개방산업화 정책이 시작된 거다. 작은 거인 덩샤오핑의 탁월한 선택이었다. 이 정책이 잠자던 중국을 깨워 일으켜 세계의 공장으로 탈바꿈시키기 시작한 것이다. 작업하기 쉬운 일들은 모두 반값이면 할 수 있는 중국행이었다. 난도가 높아 제작 기간이 더 많이 소요되고 기술력이 요구되는 까다로운 일들만 우리 차지였었다. 적자가 계속되니 회사를 끌어가야 하나, 정리해야 하나 밤잠을 못 이루는 날이 계속되었다.

그즈음 아내가 한 가지 제안을 했다. 원룸 건물을 짓자는 거였다. 자기친구가 노후대책으로 시작했는데 맞는 일인 것 같단다. 어느 시중은행의 지점장 부인인 그녀는 수완이 있는 여자라 했다. 같이 현장을 다니며 보니, 시기에도 맞는 확실한 재테크 수단이란다. 마지못해 끌리듯 경희대 앞의 현장에도 가보고 용지를 매입한다고 대학가 주변의 복덕방을 돌아다녔다. 그러던 중에 혜화동에서 명륜동으로 넘어가는 야트막한 언덕에 매물로 나온 80평 정도의 한옥이 눈에 들어왔다. 가진 돈이 좀 빠듯했지만 사는 아파트를 처분하면 땅 매입과 건축을 할 수 있었다. 그런데 건물 완공 후 그 건물의 꼭대기 층에서 살아야 한다는 것이 맘에 걸렸다.

건물임대업은 제대로 된 사업이 아니라며 아내의 희망을 묵살하고 원룸 건설 계획을 포기했다. 그리고 동생 친구가 개발 중이라는 신상품 개발계획과 그에 따른 사업설명서를 보고 새 사업을 시작하기로 마음을 굳혔다. 깊이 생각한다고 하기는 했지만 잘 알지도 못하는 자동차 액세서리 사업을 위해 별도로 법인을 설립한 거다. 대기업 산하 수산회사의 영업부에서 일한 동생을 영업부장으로, 동생 친구를 개발실장으로 닻을 올렸다. 지금 생각해보면 그 동생 친구는 사기꾼은 아니지만, 악의 없이 남에게 피해를 주는 엉터리 발명가였다. 그리고 나는 주위의 반대에 꼭 성공해 보이리라 다짐하는 오기를 부렸었다. 큰 착각이었지만 그때는 순발력과 결단력을 겸비한 사업가라고 자부했었다.

결론부터 말하자면 그 사업은 나의 일생일대의 실수였다. 장고 끝에 악수 둔다고 몇 날 며칠을 생각하고 또 생각해서 내린 결론이 결국은 잘못된 선택이었던 거다. 완성품을 만들기 위해 금형을 몇 번이나 새로 만들고, 사출되어 나온 물건도 생각지도 못한 하자가 발생했다. 우여곡절 끝에 완성된 물품을 카센터와 이마트의 자동차 액세서리 코너에 진열했으나 판매는 너무 저조했다. 재고는 창고에 쌓이고 반년 후 그 제품은 매장에서 철수해야 했다.

결국, 막대한 금전적 손실을 보고 법인을 정리했다. 사무실 한구석에서 명맥만 유지하던 본업으로 돌아올 수밖에 없었다. 아내가 인도한 황금밭을 외면하고 가시밭을 선택한 일생일대의 우를 범한 것이다.

처음 경험하는 커다란 실패로 우울증에 시달렸다. 높은 건물을 보면 저곳에서 뛰어 내리면 편히 생을 마감할 텐데 하는 못난 생각뿐이었다. 그때마다 나를 지탱해준 것은 가족이라는 이름이었다. 혼자 남게 될 아내와 자살한 이의 자식들이라는 오명을 뒤집어쓸 아이들이 걸렸다. 그런 불명예를 자식들에게 남기는 것이 꺼림칙했다. 못 할 일이었다. 지금 와서 생각해보면 참 바보스러웠다. 지금은 자살이란 인생에서 절대 해서는 안 되는 판단이라고 느낀다.

그간 참여정부를 지나며 부동산은 천정부지로 올랐다. 어쩌다 볼일이 있어 명륜동에 가보면 아내가 짓고 싶어라 했던 그곳에 훌륭한 원룸 건물이 서 있다. 땅값도 엄청 올랐겠고 위치도 성균관대학의 옆이어서 방이 비는 법은 없을 것이다. 나를 대신하여 내가 차버린 복을 어느 누군가가 차지한 거다. 아내에게 미안하고 속이야 시끄럽지만, 내 복이 아닌 것을 어쩌랴. 순간의 판단이 엄청난 결과의 차이를 가져왔지만 어쩔 수 없다. 앞으로나 잘못된 판단으로 옳지 못한 선택을 하지 말아야겠지!

이런저런 실수로 휘청거리기도 했지만, 나에겐 재기의 수단이 있었다. 첫 직업이자 지금은 평생의 직업이 된 섬유디자인이다. 싼값에 많은 물량을 빼앗아간 중국 업체들이었지만 무늬의 색을 분해하는 기술적 완성도가 미숙했기에 다량의 하자가 발생했다. 많은 거래처와 일감이 일본으로 돌아오고 있었고 그중엔 우리 회사의 거래처도 있었다. 그 거래처와 새로운 조건으로 재계약하여 꾸준히 일하고 있다. 이 길로 들어선 것은 부모님의 권유에 의한 것이었지만 내 일생의 직업이 된 탁월한 선택이었던 거다.

달리다

이번 여름 영국 런던에서 세계육상선수권대회가 열렸다. 8월 4일부터 13일까지였다. TV에서 아침 다섯 시부터 그날 벌어졌던 경기를 요약해서 보여주므로 아침잠을 줄여가며 그날그날 선수들의 활약상에 빠져들었다. 100m와 200m의 단거리를 필두로 중, 장거리 달리기. 멀리뛰기 높이뛰기 창던지기 투포환 등 총 47개 종목이 열흘간에 걸쳐 승자를 가렸다. 일반적인 달리기 경기는 물론, 세단뛰기 장대높이뛰기 창던지기 등도 도움닫기가 우선이라 달리기는 필수였다. 모든 선수가 온 힘을 다해 달리고 또 달렸다.

온몸이 경직되는 것 같은 흥분에 싸이면서도 저것이 인생사구나! 하는 내 나름의 느낌도 받았다. 멀리뛰기나 창던지기 등의 종목에는 도움닫기의 마지막 지점에 선이 그어져 있다. 아무리 멀리 뛰고 멀리 던졌어도 그 금을 밟아버리면 실격이 된다. 멀리서 달려와 정확히 선 앞에서 뛰어오르는 선수들에게 놀라움을 느끼면서 운 또한 작용하는구나 하고 느껴졌다. 물론 오랜 훈련의 반복으로 뛰어오르는 지점이 몸에 익어 있겠지만 선을 넘어 무효 처리되는 경우가 많았다. 그리고 선에 한참 모자라는 지점에서 뛰어올라 자연 평소에 못 미치는 지점에 착지해버리는 경우도 있었다. 그런 선수를 볼 때면 내 일인 양 너무나 안타까웠다.

여자장거리 달리기에서 타 선수들을 한 바퀴 이상 멀찌감치 떨어트리며 우승하는 선수에겐 출중한 그녀의 기량에 경외감이 들었으며 마지막 스퍼트로 앞서가던 선수를 제치고 선두로 골인하는 선수에겐 모든 세상사에서 마지막의 중요성이 느껴졌다. 릴레이 경주에서 바통을 떨어트리거나 제 몫을 다하지 못해 전체 경기를 망치는 모습에선 협동의 중요성, 그중에서도 맡은바 자기의 책임은 완수해야 한다는 책임감도 느껴졌다.

특히 단거리의 영웅으로 일세를 풍미하던 우사인 볼트의 허벅지 부상에 의한 완주 실패는 모두를 안타깝게 했다. 그는 자기관리에 소홀한 것 같았다. 이번 대회를 끝으로 은퇴하는 그는 유종의 미를 거두지 못했다. 시합 기간 중 여자들과 술 마시며 밤늦게까지 파티를 즐겼다는 보도도 나왔다. 젊은 그에게 수도자 같은 자기관리를 주문하는 것이 무리일지도 모른다. 그러나 결과적으로 그는 자신의 명예에도 흠집을 냈지만, 400m 계주의 동료 선수들에게도 폐를 끼친 거다.

모든 선수가 자신과 국가의 명예를 위해 최선을 다했다. 개인이나 국가나 스토리가 있다. 출중한 기량으로 세계인을 열광시키고 그의 트레이드마크가 되다시피 한 번개 세레머니로 모두를 즐겁게 해준 우사인 볼트도 이번 대회가 마지막이다. 인간이나 국가나 생겨나고 융성하여 정점을 달리다가 쇠하여 사라진다. 그 무엇도 영생불사 할 수는 없다. 생로병사는 인간에게 주어진 숙명의 수레바퀴다. 어떻게 살다 가느냐의 차이가 행, 불행을 좌우한다. 그러나 나를 포함한 현대인 대다수가 앞만 보고 달린다. 단거리를 경주하는 육상 선수들처럼 거의 폭주 수준이다. 달리기 선수들도 전략이 있단다. 제대로 달리고 있는지? 오버 페이스는 아닌지? 달리다 주위를 돌아보는 시간이 필요하다. 우리는 인간이기에 인생사에서 주위를 돌아보는 배려의 달리기도 필요하다. 그러나 대다수 사람이 그렇지 못하다. 필요성은 알면서도 행동으로 옮기지 못한다.

아프리카의 어느 부족 아이들이 달리기 시합에서 서로서로 손을 맞잡고 나란히 결승선을 통과하더라는 감동적인 이야기도 생각난다. 그 녀석들은 일등으로 골인하면 많은 상금을 준다는 유혹에도 불구하고 달리기에 약한 녀석이나 강한 녀석이나 모두 같이 하기를 바랐다. 약자에 대한 배려인 거다. 참 평화를 실천하는 그들을 보며 묘한 전율과 함께 마음이 촉촉해지는 감동을 느꼈다. 그런데 슬며시 나를 돌아보니 쓴웃음이 나왔다. 지극히 속물적인 나는 제 분수를 잘 모른다. 높고 큰 것만을 바라며 앞만 보고 인생길을 달려왔다. 안빈낙도安貧樂道는 남의 이야기였다.

마냥 젊을 줄 알고 그렇게 달리고 달렸지만, 인생의 가을에 와 있다. 이제는 체력도 달린다. 잠시 멈추어 주위를 돌아보며 한숨 돌려야겠다. 좀 늦은 감은 있지만, 긍정적인 쪽에 내 이름 석 자가 기억되기를 바라본다.

고마워요 처형

방안에선 왁자지껄 화투판이 돌아가고 고스톱에 서툰 나는 방을 나왔다. 로비 한쪽에 비치된 서가에서 책을 한 권 골라 편안한 자세로 소파에 등을 기댄다. 여기는 한계령 밑 오색약수터의 아담한 펜션이다. 큰동서 내외와의 여행에 막내 처제가 막내답게 막무가내로 끼어들어 떠난 여행길이다. 바닷가를 따라 전국을 돈 일주일간의 여정이 끝나간다. 내일은 귀경이다.

안면도에서 일박하며 새조개 샤브샤브와 대하구이를 먹고 서해안 고속도로를 달려 목포에서 일박했다. 유달산에 올라 목포개항 110주년 기념비를 배경으로 인증 사진도 찍고 바닷가로 나가서 맛있는 회도 먹었다. 큰동서는 마누라와 지갑이 있는데 뭐가 걱정이냐며 지구 끝까지라도 가잔다. 모처럼의 여행에 들뜬 모습이다. 그즈음 회사를 정리하고 반 은퇴상태였던 나도 모처럼 한가

해져 시간에 구애받지 않는 여유로운 여행이었다.

나보다 딱 열 살이 연상인 큰동서는 개성이 고향이랬다. 작달막한 키에 사교성 좋고 능력 있는 사업가다. 영등포 신세계백화점 뒤 상당히 넓은 땅에서 철강회사를 운영한다. 쇳덩어리 장사는 특성상 넓은 땅이 필요하다는데, 아무튼 땅값만 수백억이라니 돈은 원 없이 번 분이다. 2남 5녀의 처가 형제들은 남자 형제끼리는 좀 소원했지만, 자매끼리는 우애가 좋았다. 넓은 가슴으로 끌어안는 큰 처형 덕분이다. 1960년대 후반까지 동대문 밖 보문동에서 알루미늄판으로 각종 그릇이나 밥상, 냄비 등을 만드는 공장을 하시던 장인이 그즈음 나오기 시작한 스테인리스 그릇에 밀려 사업을 정리하고 귀향하셨다. 그 후 맏언니인 처형은 여동생들을 자신의 집에서 키우다시피 했다.

결혼 전 뭐하나 내세울 것 없는 나와 사귀는 동생이 못마땅해 억지로 맞선 자리에도 끌고 나가던 그녀였다. 스마트폰은 커녕 유선전화도 귀하던 시절 언니 집에 얹혀사는 그녀와의 통화는 불가능했다. 하도 보고 싶어 술기운을 빌려 찾아가 보기도 했지만 만나게 해주기는커녕 문전박대였다. 그래도 우리는 줄기차게 만났고 1975년 겨울, 흰 눈이 펄펄 내리는 날 결혼했다. 장인은 돌아가시고 장모님은 병약하시어 언니라기보다는 어머니 노릇을 하던 그녀는 동생을 어머니의 마음으로 결혼시켰단다. 아슬아슬한 마음으로 결혼시킨 우리 내외가 걱정과는 달리 딸 아들 송송 낳고 잘 살아주니 적이 마음을 놓았을 것이다.

아내는 언니 집엘 자주 갔다. 연신내 쪽 구산동에 정원만 백 평이 넘는다는 집이다. 뒤끝 있는 나는 성공하기 전에는 가지 않겠다고 했다. 결혼 전 괄시 받던 서운함을 못 떨쳐 버린 소심함이다. 그런데 그 이야기를 들은 처형은 남자가 그 정도 오기는 있어야 성공 한다며 오히려 좋아하더란다. 회사를 차려 해외 출장이 잦아지고 아내와의 동반 여행도 있었다. 꼭 데려가고 싶은 곳은 출장길에 동행하는 것이다. 아직 어린 우리집 아이들 봐주러 대학생 처조카가 자주 왔는데 귀국선물을 전해주는 딸에게 우리가 제일 재미나게 사는 것 같다며 부러워하더란다.

다음 목적지는 부산이다. 목포를 등지고 남해안을 따라 달렸다. 바쁠 거 조금도 없으므로 고속도로를 놔두고 해안에 가까운 국도를 따라 놀멘 놀멘 달렸다. 부산에는 서울대 정치학과 출신으로 평생을 정치판에서 늙어 가지만 국회의원 뱃지 한 번 못 달아본 만년 차점자, 둘째 동서네 집이 있다.

"와! 억수로 반갑데이~ 와이리 늦었노?"

둘째 처형이 우리 들으라는 듯 경상도 사투리로 반갑게 맞이한다. 숙대 출신의 경기도 처녀가 남해의 바닷가에서 경상도 아줌마가 다됐다.

"여기서 저기까지가 다 우리 꺼였데이~"

작은 처형은 손짓으로 한 블록이나 되는 담의 이쪽에서 저쪽까지를 가리킨다. 둘째 동서는 서울에 가서 부재중이었다. 선친은 가덕도가 바라보이는 이곳 작은 포구에서 멸치잡이 어선 세척과 많은 땅을 소유한 유지였다는데 그 많은 재산이 둘째형님의 선거비용으로 대부분 날아간 모양이다. 이유야 어쨌든 작은 형님이 안됐다. 아쉬워하는 작은 처형과 작별하고 달맞이 길을 타고 북상했다. 내륙으로 들어가 경주에서 일박, 포항 거쳐 영덕에서 대게도 먹고 온천도 하며 그야말로 놀멘놀멘, 유유자적의 여행이었다.

"뭐해요?"

책을 읽다 설핏 잠이 든 모양이었는데 돌아보니 처형이었다.

"고마워요. 이렇게 재미난 여행 시켜줘서. 저이 믿다간 죽을 때까지 여행 한 번 못한다니까."

옆자리에 앉으며 말을 잇는다.

"앞으로 여행은 현주 아빠만 믿을게, 해외여행도 시켜줘! 그리고 잘 살아줘서 정말 고마워! 지금은 잠시 쉰다 생각하고 조바심 내지 마. 현주네는 잘 될 거야! 노래방 간다는데 어서 가자."

앞서서 가는 처형을 뒤따라 일어서며, 가슴이 뭉클, 온몸이 따스해진다.

세월이 흐르면

돌이켜 보면 어릴 때부터 몸을 쓰는 일이 아닌 것에서는 이것저것 조금씩 재주를 보였다. 장로교 계통의 중학교로 진학하며 방과 후에는 이런저런 과외 활동으로 분주했다. 음악 시간의 실기테스트로 합창대에 뽑혔고, 미술 시간을 거치며 미술부에도 불려갔다. 교내 백일장에서 입상하여 문학반에도 들어갔고, 그 인연으로 학교신문과 교지의 어설픈 기자 노릇까지 하게 되었다. 그러나 그 어느 것에서도 빼어난 재주를 보이지는 못했다. 쓸데없이 분주한 학생이었다. 끈기는 있었지만.

공부보다 동아리활동에 더 치우치던 그 시절 팝송에 빠져 있었다. 학업을 등한히 했으니 좋은 대학에 갈 수도 없었다. 예비고사를 패스하자 고집은 있어서 세칭 명문대에 도전했지만 고배를 마시고 마음에도 없는 곳에 학과만 보고 진학했다. 학창시절 아르바이트로 시청 앞 모 다방에서 DJ도 했지만 그 다방에는 방송설비가 없어 마이크도 못 잡고 신청곡에 따라 판만 갈아주는 '판돌이'였다. 보수랄 것도 없는 푼돈을 받아 용돈으로 썼다.

그 시절, 젊음의 거리인 명동에 거의 날마다 출근하다시피 했다. 초록은 동색이요 유유상종이라고 철없이 겉멋만 잔뜩 든 친구들과 어울려 여자 만나고 술 마시는 게 일과인 나날이었다. 그곳만이 나에게 행복을 주는 유일한 공간이었다. 내 비용은 부잣집 아들이었던 친구의 주머니가 담당했다. 그는 음악과 영화 등 외국의 대중문화에 나름 박식한 나를 무척 좋아했다. 한편으로 고등학교 때부터 사귀어 오던 그녀와의 데이트도 계속 이어졌지만 우리는 가난한 연인이었다. 명동에서 만날 때면 장충단공원까지 충무로 길을 갔다 오는 것이 데이트코스였다. 그 길을 무작정 걷기만 하는 거였다.

학업을 마치고 사회에 나왔을 때 나는 상당히 어중간한 인간으로 어정쩡한 위치에 놓여 있었다. 학업을 게을리 하였기에 좋은 직장에 들어갈 수도 없었다. 그저 팝송에 빠져있는 한낱 백수 신세였다. 어느 날 문득 내 꼬락서니가 한심해지며 불안감이 몰려왔다. '이건 아니잖아!' 하는 생각이 들었다. 친척이 운영하는 날염 공장의 도안실에 취업했다. 신설동 제기천변 골목 안에 있던 그 공장은 작은 규모에 설비도 열악했지만 나에게 많은 것을 가르쳐준 곳이었다. 공장 사람들과 부대끼며 인간관계를 배웠고 학창 시절 미술반에서 그림 그리듯 날염 도안을 배웠다. 좋아하는 그림 그리기였기에 힘든 줄을 몰랐다. 보람 있는 나날 속에 그녀와의 만남은 신설동으로 옮겨져 있었다. 신설동 로터리의 진설당 빵집과 그 위층 다방이 우리의 데이트 공간이었다.

잠깐 경기 북부 삼송리에 있던 공장 도안실에 다닐 무렵은 버스 안이 만남의 공간이 되기도 했다. 갈현동에 살던 그녀는 내 출근 시간에 맞추어 그곳의 버스정류장에 나와서 기다린다. 출근시간이지만 종점으로 돌아가는 버스엔 손님도 거의 없다. 버스에 내가 타고 있는 것을 확인하면 버스에 올라 종점까지 차 속에서 데이트를 하는 거다. 종점에 도착하면 그녀는 다시 시내로 출발하는 버스에 오르고 손을 흔들며 우리는 헤어졌다. 차창에서 흔들어주던 그녀의 벙어리장갑 낀 손이 아직도 사진처럼 선명하다. 지금 생각하니 조금 어처구니가 없기도 하다. 그렇게 우리는 때와 장소를 가리지 않고 만났고 서울 시내 곳곳이 추억의 공간이다.

그녀와 나, 그렇게 단둘이로만 꽉 채워지던 공간에 흐르는 세월과 함께 이런저런 사연들과 인연들이 밀려들었다. 아이들이 태어나고 그 아이들은 또 그들의 인연을 찾아 가정을 이루었다. 손주들이 태어나니 아내는 점점 더 분주해진다. 나도 나름대로 한가하지는 않은 노년이지만 아내는 훨씬 바쁘다. 손주들 돌보는 틈틈이 악기를 배우고 주부연극단에서 연기도 한다. 연극으로 수상을 하더니 이번에는 바리스타 자격증까지 받아왔다. 나와는 바쁨의 질조차 다르다. 더 많은 시간을 같이하고 싶고 확인 받고 싶지만 이제 광화문 광장만큼 넓어진 공간 속에 그녀와 내가 수많은 인연들과 함께 서 있다. 구태여 말로 하지 않아도 훈훈했던 그녀와 나의 공간엔 노년의 한가로움과 분주함이 상반되게 쌓여간다.

흘러간 유행가 중에 남자는 여자를 귀찮게 해 라는 노래가 생각난다. 관심과 무관심. 나는 어느 쪽일까? 일상 속에서 잔뜩 무게 잡는 장중함보다 말랑말랑한 로맨틱 코미디가 좋은 나는 그걸 꼭 말로 해야 알아듣느냐? 묻는다면, 굳이 말로 해달라고 하고 싶다.

부부간의 사랑도 가끔은 확인이 필요한 거다.

4부

할머니가 뿔났다

일요일 아침 성당에 가려고 나서는 문 앞에서였다. 휴대전화를 들고 만지작거리며 애써 무시해 자존심을 지키는 것과 자존심을 꺾고 신경 써주는 듯 전화하는 것, 사이에서 잠시 망설였다. 감정의 앙금은 남아 있었지만 결국 아내의 번호를 누르고 말았다. 밖은 오랜만의 단비가 촉촉이 내리고 있었다.

"여보세요?"

반가움이 묻어나는 아내의 목소리. 이는 분명 본인의 행위를 남편이 이해해 주었다는 약간의 안심과 봐-! 우리 남편은 이렇게 자상하다고~ 하는, 옆에 있는 친구에게 보여주고 싶은 자랑스러움이었으리라.(어쩌면 내 멋대로의 생각일지도 모르지만)

"응, 나야! 잘 잤어?"

애써 통명스러움을 감춘 내 대답. 그녀는 아침 식사는 했느냐고 물었고 나는 언제부터 그렇게 알뜰히 챙겨 주었느냐?고 생각하면서도 대충 먹었다고 대답했다. 그리고 다시 한 번 상냥함을 가장하여 그녀의 아침을 물었다.

이제 일어나 근처의 콩나물 해장국집으로 아침 먹으러 가려고 한다며 밝은 목소리로 종다리처럼 지저귀었다. 듣기 좋은 맑은 소프라노였다. 아니 이 사람이 벌써 스트레스가 다 풀렸나? 나는 조금 의아했다. 아내는,

"참 당신 상원이 오랜만이지? 잠깐만."

하며 친구를 바꿨다. 오래전 남편이 병사하여 아들딸 남매를 혼자서 키워 결혼시키고 이제는 정말로 혼자서 사는 씩씩한 아내의 초등학교 친구다. 태어나서부터 쭉 안양에 산다고 했다. 처음에 허스키한 목소리의 그녀는 느릿느릿한 어조로 안부 인사와 하룻밤 홀아비 신세 느낌이 어떠냐는 둥 희떠운 농담으로 반가움을 표시했다. 대충 대답해주고 아내에겐 걱정하지 말고 천천히 조심해서 올라오라고 하고 전화를 끊었다.

요즘, 나는 나대로 그녀는 그녀대로 좀 바쁘다. 저간의 사정으로 하던 사업을 거의 정리하다시피 한 나는 나라에서 값싸게 제공해주는 시설에서 시간을 보낸다. 배움터에서 외국어 공부도 하고 팝송도 배우고 체육관에서 헬스도 하면서 돈 안 생기는 일에 무

척 바쁘다. 노후 자금을 부동산투자실패 등으로 묶어놓고 당장 쓸 생활비 부족으로 속은 시커멓게 타지만 겉으로는 화백, 즉 화려한 백수다.

아내는 나보다 훨씬 바쁘다. 더 바쁘다기보다 바쁨의 질이 다르다. 돈 생기는 일에 바쁘다. 그녀와 나의 상황과 처지가 완전히 역전되었다. 우선 손녀 손자 뒷바라지에 바쁘다. 아침에 손녀 학교 보내고 손자 유치원 보내고 출근해서 손자 유치원에서 돌아오는 시간인 3시쯤 돌아온다. 손녀 손자 돌보미로 벌고 전화기 하나 가지고 생필품 판매로 번다. 그리고 그 외에도 주부연극이다 우쿨렐레 연습이다, 잠시도 가만히 있는 시간이 없다.

손자 손녀 돌보기는 나도 시간 나는 대로 돕고 있지만, 왠지 어설프다. 가끔 손자 녀석 늦잠에 유치원 버스 놓치면 내가 차로 데려다준다든지, 할머니가 볼일이 생기면 오후에 대신 아이들을 마중한다든지 하는 일이다. 차로 데려다주는 일은 괜찮은데 젊은 엄마들 사이에서 유치원 차 기다리는 일은 질색이다. 아직 완전히 늙지 못한 할아버지의 자격지심인가 보다.

손녀 손자는 초등학생과 유치원생으로 조모의 손이 절대적으로 필요하다. 타인에게 맡기지 못하겠다는 딸 부부의 요구와 우리의 사정이 적당히 맞아떨어져 우리 부부가 전담하게 되었다. 바로 울타리 하나 사이의 옆 아파트에 사는 딸 부부도 몹시 바쁘기 때문이다. 사위는 어느 금융그룹의 중간 관리자로 새벽에 나가 12시를 넘겨 귀가하는 것이 일과이고, 딸은 초등학교 선생님으로 방과 후 부장이라는 듣기에도 생소한 직책까지 맡고 있어 교육공무원치고는 퇴근이 늦다. 아니, 선생님이 뭔 회식이 그리 잦은지! 아마도 할아버지 할머니 믿고 일 욕심을 부리는 눈치다. 자연히 손주들은 우리 손에서 자라고 할머니는 점점 더 바빠지고 할아버지는 점점 순위에서 밀려나고 있다. 이해는 하지만 서운한 마음은 어쩔 수 없다.

아침에 일어나면 집 안 청소나 쓰레기 치우기 등은 내가 한다. 운동 삼아 하는 일이라 전혀 불만 없다. 혼자 밥 먹기도 이젠 자연스럽다. 설거지도 잘한다. 처음엔 영 내키지 않았지만 바쁜 아내를 조금이라도 도와주어야 한다고 생각하면 즐겁기까지는 아니지만, 그냥 한다. 그런데 그만 저번 주에 사고가 터지고 말았다. 손녀가 다쳐서 병원에 가야 한다고 같은 학교 선생님인 딸에게 전화가 걸려왔다.

아내는 출근해서 도장만 찍고 올 테니 손녀를 데려오라는 거였고 나는 양호실에 있는 편이 집에 데려오는 것보다 좋다고 옥신각신 다투다가 자기 혼자 다 처리한다고 화를 내며 손자를 데리고 나가버렸다. 나는 나대로 내가 병원에 데려갈 요량으로 학교에 갔지만, 손자를 보낸 후 출근을 포기한 아내가 뒤따라와 데려가 버렸다. 그 후로 냉전이었다. 서로 쌓인 감정이 손녀 사고를 계기로 폭발해 버렸지만 서로 먼저 말을 걸지 않았다.

나는 나대로 예전만큼 챙겨주지 않는 아내가 서운했고 일에 쫓겨 과부하가 걸린 아내는 제일 만만한 남편에게 화풀이한 것이다. 그 어색하고 짜증이 나는 분위기로 일주일이 흘렀다. 토요일 아침, 말없이 나간 아내에게 전화가 온 것은 저녁 5시 무렵이었다. 안양인데 차가 밀릴 시간이니 좀 늦게 오겠다고 했고 나는 그러라고 했다. 7시쯤 다시 전화를 걸어와 상원이가 자고 가라는데 그래도 되느냐고 물었다.

잔소리쟁이 마누라 없어서 잘 됐다고 느긋해 하며 쌀 씻어 밥하고 냉장고 뒤져 양파랑 달걀이랑 햄으로 간단히 요리도 해서 남겨둔 와인에 저녁 식사를 했다. '잔소리 안 듣고 술도 마실 수 있고 좋네~ 봐 혼자서도 얼마든지 할 수 있어.' 마음이 여유로운 혼자만의 만찬이었다. 아무 부족함도 못 느꼈다. 식사를 마치고 TV를 틀었다. 아무 눈치 안보고 아내가 질색하는 방귀도 픽픽 뀌어가며 잔소리 없는 세상을 구가했다. 그러나 거기까지였다. 자꾸만 아내 생각이 났다. 보고 싶다가 아니라 측은한 마음이었다. 얼마나 지쳤으면 그리했을까? 가슴이 아렸다. 서운함과 안쓰러움이 교차하는 칙칙한 감정이었다. 그런 기분을 안고 잠들고 말았다.

*

모처럼의 단비가 온종일 내리고 있다. 아내는 아직이다. 돌아오면 진심으로 따듯이 맞아주고 싶다. 이런 애틋한 감정이 또 얼마나 가려나 알 수는 없지만.

희망의 대화

안락의자에 흔들거리며 책 속에 빠져 있다가 문득 고개를 들었다. 눈이다. 넓은 유리창을 캔버스 삼아 엄청난 양의 함박눈이 새하얀 풍경화를 그리고 있다. 창밖으로 바라다보이는 풍경이 그렇게 평화스러울 수가 없다. 잿빛 하늘을 가득 메우고 쏟아지는 눈송이는 나를 축복하는 것 같았다. 그렇게 푸근하게 끝도 없이 쏟아지고 있었다. 책에서 받은 감흥과 창밖의 그 어마어마하게 쏟아지는 눈발이 상승작용을 하며 지나간 세월이 주마등처럼 뇌리를 스쳐 갔다.

사회생활을 시작하고 별다른 어려움을 몰랐다. 성실함 이외에는 가진 것이 없는 청년은 주어진 여건에서 최선을 다했다. 아니, 다할 수밖에 없었다. 그것이 행복이었다. 더 높고 풍요로운 계층의 세상은 몰랐으니까. 더 강력하고 완고한 권력의 세상도 몰랐으니까. 넘겨다 볼 줄도 몰랐으니까. 그저 주어진 환경과 조건에서 최선을 다할 뿐이었다. 그러니까 납기에 쫓겨 밤샘 작업을 하면서도 처한 상황에 불평하지 않았고 행복은 따듯이 감싸오는 온기처럼 그렇게 조금씩 소리 없이 청년에게 찾아왔다.

오래 만나온 첫 여인과 흔들림 없이, 당연하다는 듯 결혼했다. 아기들이 태어났고 셋방살이에서 내 집으로 계획은 약속된 대로 이어졌다. 작은 성취들이 쌓이고 세월이 흘러 성공했다는 소리를 듣는 자리에까지 오게 되었다. 자기의 위치와 신분이 상승하였다는 것 같은 느낌은 없었다. 그저 직원들과 같이 일하고 같이 일구어갔다. 어떤 권위감도 으스댐도 없는 그냥 대표 디자이너였다. 회사는 조금씩 정말 조금씩 커졌고 그것이 일상이거니 하며 살아갔다. 업무에 필요해서 차를 사고, 늘어나는 일에 따라 직원을 채용했다. 나라가 점점 산업화하여감에 따라 직원 구하기가 힘들어 중국과 인도네시아, 월남 등을 돌며 해외공장을 만들 생각도 해보았으나 열악한 그곳 인프라에 포기하고 말았다. 주변 환경이 변하는 것도 모르고 그냥 주어진 여건 속에서 성실하게 해나갔다. 그러면 되는 줄 알았다. 바보처럼 성실하게. 그러나 아니었다.

어쩔 수 없는 변화가 나라를, 회사를, 벼랑으로 몰고 갔다. 때를 같이해 병마도 찾아 왔다. 위암이라고 했다. 다행히 조기 발견하여 수술만 하면 생명에는 지장이 없다는 진단이 나왔고 병원에서 열흘을 보낸 후 퇴원했다. 회사는 내리막길을 걸었고 직원들도 하나둘 이직해 나갔다. 적은 수입에 퇴직금 정산 등으로 회사 재정은 악화 일로였다. 불행은 불행을 동반하고 온다든가? 또 암이 찾아왔다. 대장암 3기. 림프샘으로 전이되지 않아 수술하면 살 수 있다고 했다. 죽을 만큼 힘든 8개월간의 항암 치료 기간을 힘들게 그러나 겉으로는 무덤덤하게 넘겼다. 엄살 떨기 싫었고 아내에게 미안했다.

그러나 그것으로 끝이 아니었다. 3개월에 한 번씩 피검사와 CT 검사를 하고 담당 의사에게 판정을 받아야 했다. 죽느냐 사느냐 하는 갈림길의 순간이었다. 암세포가 다른 곳으로 전이되어 재발하면 끝장이었다. 그러나 그때마다 수술을 집도했던 담당 의사 선생님은,

"좋아요! 잘하고 계십니다. 3개월 후에 봅시다."

라며 밝게 웃는 것이었다. 그렇게 3개월의 체크 기간은 6개월로 늘어나고 1년으로 늘며 5년 후 완치 판정을 받았다. 두 번의 암을 모두 이겨낸 거다.

신심이 깊으신 성당의 자매님은 나를 두고 하느님 빽을 가지신 분이라고 축하해 주셨다. 그러나 지극히 속물적인 나는 되살아

난 것이 그다지 즐겁지 않았다. 망한 회사와 없어진 돈에만 애면글면할 뿐이었다. 우울증까지 찾아와 바보 같은 생각만 하고 다녔다. 높은 건물만 보이면 저곳에서 떨어지면 죽을 수 있을까? 생각하고, 실제로 한밤중에 집을 나서서 올림픽공원 안의 한성백제 역사박물관 꼭대기에도 올라갔었다. TV에서 이불 털다 실족사 했다는 뉴스를 보고는 '아! 이불을 터는 척하다 떨어지면 되겠구나! 그러면 남은 가족들에게 가장이 자살로 생을 마감했다는 멍에를 씌우지 않아도 되겠네! 사고사니까.' 하고도 생각했다. 그 정도로 바보였다. 소박하고 긍정적이던 나는 없었다. 두 번씩이나 살아나고도 고마운 줄도 모르고 온갖 부정적인 생각들로 세월을 죽이고 있었다. 그러나 죽을 수가 없었다. 묵묵히 옆을 지키며 병시중을 했고, 온갖 방정맞은 소리로 신세를 볶아대어도 두 말 없이 남편을 지키는 아내가 있었으니까.

소리 없이, 이제는 때가 되었다는 듯 희망이 찾아온 것은 결혼 40주년 기념 여행에서였다. 고린 전 한 푼에 발발 떨던 내가 통장의 잔액을 무시하고 이판사판의 심정으로 규슈로 온천여행을 떠났다. 40주년 아닌가? 아내가 측은했고, 마지막이라는 심정으로 떠난 여행이었지만 결과적으로 그 결정은 옳았다. 일본통 소리를 듣는 나로 보아서는 내 나라만큼 편한 일본의 온천지에서 치유의 시간을 가진다는 것이 좋았다. 아내도 좋아했고 나 또한 마음이

치유되어 오는 것을 가슴으로 느낄 수 있었다. 상황은 별반 나아지지 않았는데도 밝고 긍정적이던 그때 모습으로 서서히 되돌아오고 있었다. 나와 아내에게는 축복이었다. 돌아오는 비행기 안에서 나는 희망을 이야기하고 있었다. 이제는 좋았던 시절에 아내와 나누었던 그 수많은 희망에 찬 꿈의 대화를 다시 이야기한다.

어느덧 눈은 그쳤다. 베란다 앞 나뭇가지에 하얀 눈꽃이 가득 피어있다. 나는 평안한 마음으로 철부지 어린아이처럼 눈꽃을 마중하러 대문 밖으로 나서고 있다.

한국 남편이라서 행복해

1970년대 중반 이후부터 업무 차 일본을 다니기 시작했다. 일본회사 한국지사에 근무하고 있었기 때문이다. 처음엔 그들의 발전상이 놀랍고 부러웠다. 우리나라가 흑백TV이던 시절에 처음 본 칼라 테레비(TV의 일본식 발음)는 놀랍고도 흥미로웠다. 기차를 타고 이동 중 보이는 폐차장에 쌓여있는 멀쩡해 보이는 자동차들의 양도 나를 놀라게 했고, 거리에 넘쳐나는 다양한 종류의 자동차들은 정말 부러웠다. 그들은 패망의 암담한 상황 이후 한국전쟁에 의한 특수特需를 발판으로 고도성장을 이루어 선진국에 진입해 있었고, 우리나라는 전쟁의 폐허 속에 가난을 면하기 위해 발버둥을 치던 시절이었다. 그러나 세월이 흘러 경제개발에 전력투구한 우리나라는 월남특수와 중동경기 등에 힘입어 세계가 놀라는, 이른바 한강의 기적을 이루며 무섭게 발전해 나가 자연 한일 간의 격차는 점점 줄어들고 있었다.

독립하여 회사를 차리고 회사의 대표로 일본의 거래처를 방문하는 입장이 된 나는 비즈니스 차원의 술자리가 많았다. 자연 고급술집인 '크라부Club(우리의 룸살롱)'등에도 다니게 되었는데 준俊Jun이라는 술집의 마담이 인상적이었다. 그녀가 운영하는 클럽은 동경 등의 대형클럽이 아니고 고도 교토에 어울리는 조그맣고 분위기 있는 클럽이었다. 60이 넘은 나이라고는 믿기지 않는 외모에 술집을 경영하지만, 세칭 물장사하는 여자의 분위기가 아니었다. 조용조용한 말씨에 여간한 농담에도 크게 소리 내어 웃는 것을 본 적이 없었다. 아주 미인은 아니었지만 뭔가 기품이 있어 보였다. 술집이름은 아들 이름에서 따왔다고 했다. 俊一郎(쥰이치로)라는 아들 이름의 첫 음절이라 했다. 어렸을 때 쥰짱 쥰짱하고 애칭으로 부르던 아들 이름을 쓰는 거란다.

그녀는 이혼녀였다. 전남편은 알아주는 모 기업의 간부 출신인데 남편이 회사를 그만두기 전까지는 아무 탈 없이 살던 이상적인 부부였단다. 자식들도 반듯하게 잘 자라 명문 교토대학을 나와 대기업에 근무하고 있다고 했다. 그러나 그녀는 말로 표현하지 않았을 뿐 늘 현실에 만족하지 못했단다. 남편의 퇴직과 함께 이혼을 요구해 퇴직금 등 재산의 반을 받아 그 돈으로 술집을 차리고 독립한 거라고 했다. 아이들도 아무 반대가 없었고 처음에 의아해

하던 남편도 지금은 이해한다고 했다. 우리나라로 치면 현대나 삼성의 고급간부 부인이 이혼 후 물장사를 하는 것이다. 나는 도저히 이해가 되지 않았는데 소원대로 독신이 되어 남편에 신경 쓰지 않고 자기인생을 사는 그녀는 지금 너무 행복하다고 했다.

일본에는 이런 류의 황혼 이혼이 적지 않다고 한다. 추락하는 비행기 속에서도 상황을 기록한다는 민족답게 결혼 후부터 남편의 잘 잘못을 세세히 기록한단다. 그리고 이혼요구에 응하지 않을 때 그 기록을 제출하면 거의 승소한다 하니 남편의 입장에서 얼마나 무서운가. 좀처럼 집으로는 초대하지 않는 그들이지만 나를 자식 같다고 얘기하던 이시다石田라는 분의 집에 초대받았을 때의 상황이다. 부인이 현관에서 무릎을 꿇고 '오카에리 나사이(어서 돌아오세요)' 하고 큰절을 할 때 나는 적지 않게 당황했는데 정작 남편 되는 이시다상은 당연하다는 듯 응대를 받고 안으로 들어가는 거였다. 물론 그들이 나이를 먹은 노부부이기 때문이기는 하겠지만 그런 예의 바른 행동 속에 속으로는 칼을 품고 있다는 것이 새삼 섬뜩함을 느끼게 한다. 차분함 속의 냉정함이랄까.

나도 사업 핑네 하고 12시를 넘겨 귀가한 것이 한두 번이 아니다. 부부싸움을 하다 화가 나면 심한 말도 한다. 일본으로 치면 속절없는 이혼 깜이다. 그러나 한국의 주부들은 저 잘났다고 나돌아치는 탈 많은 남편들을 열두 폭 치마 속에 감싸 대부분 해로하고 살지 않는가? 이런 말을 들었다. 일본의 부인들은 남편이 무슨 짓을 하든 웃는 얼굴로 순종적이지만 속으로는 다 계산을 하고 있고, 한국의 주부들은 남편의 늦은 귀가에 갖은 걱정을 하다가도 얼굴을 마주치면 바가지를 긁어 대며 난리를 쳐댄다고.

일본도 재래시장에 가보면 '랏샤이! 랏샤이!(이랏샤이마세. 어서 오세요)' 하며 씩씩하게 호객행위를 하는 여장부 타입의 여인들도 있긴 하다. 그러나 일본부인들이 다 그런 것은 아니겠지만 대다수의 주부들은 평생 남편에게 맨얼굴을 안 보인다고 할 정도로 절제한단다. 부부 사이에도 예의 바르게 행동하며 파격이라거나 끈끈한 정을 모르고 산다 한다. 반면 통칭 아줌마로 불리는 우리나라의 주부들은 다르다. 이 또한 모두가 그런 것은 아니지만, 무릎 나온 추리닝 차림의 부스스한 모양새로 혹 남편이 맘에 들지 않는 행동이라도 할라치면 그 즉시 시끄럽게 바가지를 긁고 자신의 약점도 스스럼없이 보여준다. 그만큼 남편을 편하게 생각한다. 남편을 못 믿고 어떻게 사냐는 거다.

글쎄, 여성으로서 어느 쪽이 나은지 알 수 없다. 그러나 남편들 처지에서는 웃는 얼굴 뒤에 칼을 품고 있는 것보다는 이런저런 잘못에 잔소리로 바가지를 긁어 대더라도 화통하게 풀어버리고 뒤끝 없는 우리 대한민국 마나님들이 훨씬 믿음직하고 사랑스럽지 않을까? 대한민국의 남편이라서 얼마나 행복하고 다행인가? 그런데 안 좋은 것은 일찍 배운다고 요즘 우리나라도 황혼 이혼이 증가 한다는데 누구의 잘못인지 몰라도 참 걱정이다.

화담숲 봄나들이

"아! 행복하다!"

매표소를 지나 십 분 정도 걸었을까? 산책로 입구에서 친구 부인이 환한 표정으로 한 말이다. 나무판자를 깔아 만든 완만히 경사진 길은 오르기에 편했고 짜증이 나고 을씨년스러웠던 내 기분도 그 한마디에 스르르 풀렸다. 벚꽃, 개나리, 진달래, 철쭉. 등 주위가 온통 꽃동산이다. 불어오는 봄바람 타고 우리를 향해 어서 오라고 하늘하늘 손짓한다.

인천에서 초행길에다 길까지 막혀 스트레스를 엄청 받았다며 제일 늦게 도착하여 힘들어하던 그녀가 숲의 분위기에 금방 치유가 된 것처럼 말했다. 아내를 포함한 일행은 벌써 저만치 앞서가고 있다. 그 중 누가 재미있는 이야기라도 했는지 까르르 웃는 소리가 봄바람을 타고 하늘 높이 맑게 퍼져 올라간다.

부부 동반으로 친하게 지내 온 소모임의 봄 소풍이다. 아침 열 시에 곤지암의 화담 숲 입구에서 만나기로 했다. 그간 이런저런 용무로 여러 번 곤지암 리조트에 왔었지만 무슨 까닭인지 바로 옆의 화담 숲은 한 번도 가보지 않았다. 한 번쯤 가봐야지 하던 차에 이번 달 모임을 그곳에서 한다는 말에 우리 부부는 반갑게 응했다. 더욱이 가까이 사는 친구가 자기 차로 가자며 연락해와 더욱 마음 편히 출발할 수 있었다.

중부고속도로가 평창 동계올림픽 준비로 공사 중이어서 정체가 심했다. 약속 시각 지키기에 강박증이 있는 나는 조바심을 내기 시작하였고 근처에 선산이 있어 부근 지리에 밝은 친구는 국도로 내려섰다. 국도도 붐비기는 매일반이었지만 요리조리 지름길을 찾아 약속 장소에 도착하니 이십 분 정도 늦었는데도 일행은 보이지 않았다. 서로 통화를 하며 기다리기 한 시간. 흐린 날씨에 황사까지 겹쳐 우중충한 날씨였다. 봄나들이 기분으로 가볍게 입고 나온 나는 추위에 떨며 기다리기에 지쳐 슬슬 짜증이 나기 시작했다. 화창한 봄나들이를 기대했는데 날씨가 도와주질 않는다며 구시렁거리는 사이 모두 모여 입장한 것이 열한 시 반. 툴툴거리는 남편이 부담스러운지 아내는 일찌감치 친구 부인들과 어울리고 나는 맨 마지막을 어슬렁거리며 오르던 중이었다.

고등학교 교장을 끝으로 긴 훈장 생활을 마감한 친구의 부인인 그녀는 본인도 길었던 공무원 생활을 막 끝낸 참이었다. 모든 것을 돈으로 먼저 계산하는 버릇이 있는 나는 둘이 합쳐 팔백에 가깝다는 연금에 부러움을 감추지 못했었다. 그간 애 많이 썼으니 편히 여행이나 다니라고 덕담을 하면서도 돈벌이에서 해방된 것 같은 그들이 부러웠다. 오늘도 친구는 스페인을 여행 중이라 못 왔다고 한다. 본인은 대학에 강의가 있어 같이 못 갔다며 퇴직 후 몇 개 대학에 출강한다고 했다. 그렇게 좋으냐고 묻는 내 말에 너무 행복하다며 밝게 웃는다. 우리는 일행과 조금 쳐져서 걷다가 물레방아가 돌아가는 곳에서 사진을 찍고 있는 일행과 합류했다. 저마다 짝을 찾아 부부 사진도 찍고 단체 사진도 찍으며 잠시 왁자지껄했지만, 곧 삼삼오오 다시 산책길에 나섰다.

나는 친구들과 잠시 어울리다가 정치 이야기로 열을 올리는 그들을 앞으로 보냈다. 이런 아름다운 곳에서 정치 얘기는 자연에 대한 실례라고 혼잣소리를 하며 차분한 마음으로 천천히 걷는데 분재원 좀 못 미쳐서 동굴 같은 집이 나타났다. 소리가 공명이 되니 노래를 불러보라는 안내판이 보였다. 요즘 가곡 교실에 다니며 노래 부르기에 재미를 들인 나는,

"앞강에 살얼음은 언제나 풀릴 거나~" 해가며 이번 봄에 막 배

운 강 건너 봄이 오듯을 부르기 시작했다. 주위에 사람들도 안 보이고 감정은 점점 고조 되어갔다.

"짐 실은 배가 저만큼 새벽안개 헤쳐 왔네~"

마지막 소절을 감정 실어 목청껏 불러 젖혔을 때,

"우와 노래 정말 잘하시네요!"

박수 소리와 함께 이 교장 부인이 웃고 있었다. 나는 갑자기 계면쩍어져 아무 말 없이 그곳을 나섰고 분재원의 일행들에게 섞여 들어갔다.

듣기로 이곳은 엘지의 명예 회장인 구자경 회장이 취미로 시작한 식물 기르기가 점점 커지며 아들 대에 이런 멋진 숲을 이루었단다. 한 사람의 좋은 취미가 만인을 즐겁게 한 것이다. 만든 사람이나 보는 사람이나 모두 행복해지는 정다운 말 즉 '화담의 숲'이다. 좋은 자연과 어울린다는 것이 사람의 마음을 이리도 위무하는 것일까? 산책로가 끝나갈 즈음에는 나 또한 행복한 기분이 온몸을 포근히 감쌌다.

간절히 원하면 이뤄진다

지금 나의 꿈은 여행이다. 그냥 주마간산 격으로 정해진 시간 안에 일정 지역을 숨차게 둘러보는 그런 여행이 아니다. 혼자서 또는 아내와 둘이 일정 지역에서 며칠이고 머물며 유유자적 지내는 그런 여행이다. 국내가 될 수도 있고 외국이 될 수도 있다. 우리나라도 아직 못 가본 곳이 많지만 그러나 내가 가고 싶은 곳은 역시 외국이다.

외국의 어디에서든 지낼 만큼 지내다 훌쩍 떠나, 또 다른 지역에 있고 싶을 만큼 머무는 거다. 나는 이런 형태의 여행을 즐기는 이들을 종종 만났다. 하와이의 와이키키 해변과 요세미티 국립공원의 숲 속에서, 유럽의 노천카페와 홍콩의 밥집에서. 그들은 보통 3~4일 길게는 한 달 이상 한 곳에 머물며 느긋하게 여유를 즐긴다. 와이키키 해변에서 만난 노부부는 캐나다 사람들이었다.

나무 그늘에 넓은 목욕용 수건을 깔고 누워 독서 삼매경이었다. 추운 겨울, 따듯한 나라를 찾아 그곳에 왔다 했다. 아파트형 펜션을 한 달간 빌려 생활하다 갈 거라는데 가난한 서민이라 비용이 적게 드는 방법을 찾았다고 밝게 웃는 모습이 지금도 어제 일처럼 눈에 선하다. 내 서툰 외국어 실력에 맞춰 영국 영어로 천천히 또박또박 알아듣기 쉽게 설명하는 모습이 친조부같이 자상한 할아버지였다.

요세미티 국립공원 관광 중 만난 캠핑카 부부는 네덜란드인이었다. 차를 빌려서 미국 여행 중, 이곳에서 며칠 머무는데 너무 좋다고 엄지를 척 올린다. 그때 우리 일행은 7박 8일 일정으로 미 서부여행 중이었다. 무리한 일정으로 한밤중에야 라스베이거스에 도착했다. 그 때문인지 너무 피곤해 그 유명한 세계적인 쇼를 반은 졸면서 보아야 했다. 살인적인 스케줄에 지친 고난의 행군 중이었다. 단기간에 캘리포니아, 애리조나, 네바다 3주의 관광지를 돌아야 하니 무리할 수밖에 없었다. 그것은 여행이 아니었다. 정해진 조건으로 더 많은 곳을 들러야 하는 작전 수행 같았다. 유유자적하는 요세미티의 부부가 너무나 부러웠다. 그 외 여타지역에서 만난 이들도 모두 여유 있는 참 여행을 하고 있었다.

홍콩은 그간 몇 번인가 간 경험이 있어 계획을 짜서 아내와 둘이 자유 여행을 했다. 아내와 같이 홍콩의 백만 불짜리 야경도 보고 침사추이 바닷가를 어슬렁거려도 보았다. 자유스러움과 여유를 느꼈다. 그러나 3박 4일에 마카오까지 다녀오려니 역시 시간적인 아쉬움은 어쩔 수 없었다.

외국인 회사에서 직장생활을 시작한 나는 여행 자유화 이전부터 외국을 다녔다. 단수여권 하나 달랑 들고 연수차 찾아간 일본의 첫 여행은 가슴 떨리는 사건이었다. 그 후로도 일의 특성상 해외출장이 잦았는데 비즈니스가 마무리되면 그 지역의 가보고 싶은 곳을 혼자서 여행하곤 했다. 내 여행의 형태는 시작부터가 자유 여행이었던 거다. 미국 서부여행 때도 귀국 날짜를 자유로 해둔 우리 부부는 패키지 여행팀을 먼저 보낸 후 LA의 친구 집에 머물렀다. 둘이서 지도 한 장 들고 열흘간 지하철과 시내버스를 이용하여 도심과 해변을 돌아다니며 여유롭게 즐겼다.

목돈이 생기면 더 좋은 TV 등 물건 사는 것보다 여행가는 쪽을 택하는 나다. 한창 사업이 잘될 때는 사업에 쫓겨 시간은 없었지만, 출장이 잦았고 돈에 크게 구애받지 않던 시절이라 여행을 자주 했다. 출장길을 아내와 동반하고 업무가 끝난 후 하루 이틀 시간을 내어 둘이 가보고 싶었던 곳을 찾아가는 거다. 젊고 행복한 시절이었다. 지금도 그때가 그립다. 그때의 생각은, 나이 들면 애들 시집 장가보내고 나서 일 년 중 반은 해외에서 생활하며 좋아하는 여행 실컷 하자고 꿈에 부풀었었다.

그러나 세상사는 내 맘대로 되어주지 않았다. 중국의 덤핑공세에 밀려 일본의 주문량이 줄자 내수에 눈을 돌렸다가 크게 실패를 했다. 회사를 정리한 후 원대하게 계획했던 국내 반 해외 반의 생활은 수포가 되고 우울한 나날의 연속이었다. 하늘을 찌르던 자신감은 쪼그라들 대로 쪼그라들고 우울증 비슷한 증상까지 보이며 사람이 변했다. 외향적 성격이던 내가 사람 만나기도 싫었고, 하루하루가 지옥이었다. 그런 나를 추슬러준 이가 대학원에서 같이 공부한 후배 J다. 그의 물심양면의 따듯한 배려 덕분에 나는 절망의 구렁텅이에서 서서히 벗어났다. 그와는 지금도 형제같이 따듯한 교류를 이어가고 있다.

명맥만 유지하던 일도 주문량이 조금씩 늘면서 생기를 찾아 지난겨울에는 결혼 기념으로 아내와 규슈에도 다녀왔다. 모든 것이 제자리를 조금씩 찾아갈 즈음, 우연히 내가 제일 원하는 그 일을 부담 없이 즐길 기회가 찾아왔다. 회원제 여행자 클럽에서 정보를 얻어 나 스스로 계획하고 실행하는 거다. 이제 큰돈 안 들이고 내가 좋아하는 여행을 맘껏 할 수 있게 되었다. 스마트폰과 노트북과 태블릿을 가지고 내가 원하는 여행지에 가서 일도 하면서

현지인 속에서 유유자적 생활하며 여행할 것이다. 많이 보고 많이 만나고 많이 느끼며 충실한 삶을 살고 싶다.

결혼 전에 미대를 다녔다던 친구 부인은 형편이 어려웠지만 식모살이를 하더라도 미국에 가서 공부하겠다.고 노래를 불렀단다. 그녀는 정말 간절히 원했고 소원대로 유학을 갔다. 고생은 했지만, 뉴욕에서 공부를 마치고 와 지금은 하고 싶던 일 하고 산다며 죽기 살기로 원하니까 되더라.고 밝게 웃었다. 나 또한 내가 하고 싶은 일을 간절히 원했고 그 간절함이 통했나 보다. 누구든 간절히 원하면 반드시 이루어진다. 나는 그렇게 믿는다.

열매의 똥 이야기

사람이 개를 물면 화제가 돼도 개가 사람을 물면 뉴스거리도 안 된다는데 얼마 전 연예인이 키우던 개 한 마리가 사람을 물어 장안의 화제가 된 적이 있다. 그 후 또 다른 개가 27살 처녀의 얼굴을 물어버린 사건이 터져 개에 대한 부정적인 인상이 퍼지고 있다. 애견인구가 늘어나는 추세라지만 개를 안 키우는 집이 많은데 여론이 시끄러우니 우리 집 강아지 산책 담당인 나로서는 신경이 쓰이는 노릇이다.

'열매'가 새 식구로 입양되어 온 것이 해를 넘겨 이 년째다. 손주들의 성화에다 반려동물을 기르는 것이 아이들의 인성에도 좋다 하여 결정한 것이다. 웰시코기 종의 이 강아지가 생후 삼 개월 만에 우리 집에 왔을 때는 그야말로 똥오줌도 못 가리는 하룻강아지였었다. 배변 패드를 깔아주고 당근과 채찍으로 참을성 있게 훈련한 결과 겨우 배변습관이 들었다. 녀석이 배변 패드 위에다 얌전히 볼일을 보기 시작하자 우리 집 식구들은 어른이나 아이 할 것 없이 모두 신기해하며 좋아했다. 그러나 산 넘어 산이랄까? 조금 커가며 이번에는 온 집안의 종이류와 운동화 등을 찢어놓는 일이 발생했다. 활동량이 많은 견종이라 운동 부족에 따른 스트레스일 거란다. 자연스레 시간 많은 내가 산책을 시키는 일을 떠맡게 되었다.

집이 불암산 등산로 초입에 자리 잡고 있어 아파트 뒷문만 나서면 바로 등산로와 연결된다. 간단히 산행하기에 안성맞춤이다. 개를 산책시키는 것이 처음에는 귀찮기도 했지만 내 건강에도 도움이 되는 아침 산행인지라 꾸준히 다니고 있다. 더욱이 아침마다 방문을 밀고 들어와 맑은 눈동자로 어서 나가자는 듯 올려다보는 녀석의 눈망울을 보고 있으면 자리를 털고 일어나지 않을 수 없다.

규칙적인 산행이 시작되자 이 녀석이 산책 중에 볼일을 보기 시작했다. 걷거나 뛰거나 하여 장운동이 활발해진 결과란다. 처음, 경험이 없어, 준비 없이 나갔을 땐 많이 당황했다. 어찌해야 좋을지 몰라 허둥대고 있는데 어떤 아주머니가 능숙한 솜씨로 열매가 싸놓은 똥을 치워 주었다. 그녀는 작은 가방을 허리에 두르고 있었는데 그곳에서 일회용 장갑과 검은 비닐봉지를 꺼내더니 비닐봉지의 밑 부분을 잡고 쉽게 오물을 쓱~ 쓸어 담는 거였다. 감사의 인사를 하고 돌아와 즉시 그녀와 같은 준비를 했다.

다음날부터 나도 준비를 단단히 하고 나서지만, 막상 그녀처럼 능숙하게 치워지지 않는다. 뜨뜻하게 손에 전해져오는 배설물의 감촉이 영 꺼림칙하다. 하기는 싫지만 하지 않을 수 없으므로 할 수 없이 그 일을 마친다. 그런데 가다 보면 누구의 것인지 모를 개똥이 방치된 것이 눈에 띈다. 속으로 어떤 놈의 소행이냐고 구시렁거리면서 마음이 편치 않다. 개를 산책시키는 입장에서 싸잡아 욕을 먹을 것을 알기 때문이다.

아직까지는 개를 키우는 사람보다 안 키우는 사람이 더 많다. 개를 싫어하는 사람들도 있다. 그들 중에는 온산이 개똥 천지라며 왜 등산로에 개를 끌고 오느냐고 들으라는 듯 험담을 하고 지나가는 이들도 있는데 그들에게 방치된 개똥은 좋은 빌미가 될 것이다. 그러면서도 그것을 내가 치운다는 생각은 하지 못했다. 아니 하기는 했지만 차마 남의 개똥까지 치우지 못하겠다는 것이 솔직한 심정이었다.

날씨 좋은 휴일 오후에는 근처 철길공원으로도 산책하러 나간다. 그곳은 애완견들의 산책 코스인 듯 많은 애완견과 개 주인들이 휴일 오후를 즐기고 있었다. 개들은 서로 냄새를 맡으며 친교를 나누고 주인들도 개에 관해 간단한 정보를 교환하며 지나친다. 그때 시바견 두 마리를 데리고 산책하던 젊은 부부가 눈에 띄었는데 그들의 배변처리가 가히 예술의 경지였다. 개가 똥을 누려고 자세를 잡자 남편 쪽에서 잽싸게 엉덩이 쪽 밑으로 배변 봉투를 들이대는 거였다. 변은 간단히 그 속으로 사라지고 부부는 아무 일도 아니라는 듯 마주 보고 웃었다. 신기해서 쳐다보며 나도 싱긋 웃었고 우리는 웃으면서 헤어졌다. 그 후 나도 그 방법을 시도하여 배변처리를 하지만 가끔 타이밍을 놓쳐 그냥 땅 위의 그것을 처리하기도 한다.

“열매 나왔구나! 오래간만이네?”

한참을 안 보이던 그녀가 반갑게 인사를 한다. 첫 산책에서 나의 곤경을 해결해준 그녀였다. 테리어 종의 나이 많은 개를 지극정성으로 보살피는 그녀는 개에 대해 애정이 남다르다. 16살이 넘은 자기의 개도 잘 보살피지만 남의 개에 대해서도 애정을 보인다. 산책길에 눈에 띄는 개똥은 남의 강아지 것이라도 처리하는 것 같다. 개 키우는 사람들이 싸잡아 욕을 먹지 않기 위한 방법인 거다. 호감이 가는 행동이다. 상식과 교양이 있는 여인이라 생각했다.

며칠 후, 아침 산책길에서 다른 개가 싸놓은 똥을 보았다. 정말 내키지 않았지만, 그것을 주워 넣었다. 똥은 말라 있어 그다지 불편한 기분은 아니었고 나는 큰일이나 한양 마음이 홀가분했다.

친일親日과 극일克日

대작 파문으로 물의를 일으킨 가수 조영남이 한참 전에 『맞아 죽을 각오로 쓴 100년 만의 친일선언』이라는 책을 쓴 적이 있다. 책이 나오자마자 여론의 뭇매로 정말로 맞아 죽을 정도로 호되게 혼나는 것을 보고 우리나라에서 일본을 호의적으로 표현하는 것이 얼마나 위험한 일인지 새삼 깨달았다.

노래, 그림, 글쓰기 등 다방면에 재주가 있어 개인전도 열고 십여 권의 책도 낸, 영원한 자유인이라는 조영남은 하고 싶은 이야기는 하고야 마는 성격이라서 자기 생각을 솔직히 쓰고 발표했을 것이다. 그러나 일부의 긍정적인 반응 이외에는 책을 읽지도 않은 사람들마저도 친일이라는 말 자체에 격한 반응들을 보이며 그에게 돌을 던져 그는 한때 방송 매체에서 종적을 감추다시피 했었다. 그 소동을 보면서 과거 내가 일본을 다니며 보고 느낀 것을 친구들이나 주위 사람들에게 피력하다가 당한 일들이 생각나 쓴웃음이 절로 나왔다.

교토에 본사를 둔 일본회사의 서울지사에 근무하던 나는 업무와 연수 등으로 여행 자유화 훨씬 이전인 1970년대 중반부터 일본을 자주 들락거렸다. 서슬 퍼렇던 3공 시절이라 출국 전 반공교육도 받았다. 그 시절엔 외국 다니는 사람이 드물어 1976년에 처음 연수차 도일했을 때에는 큰누이에게 격려금도 받고 형제들이 김포공항까지 나와 배웅을 하는 등 법석을 떨었다. 두 달 예정의 연수 길이었는데 초임 관리자로서 본사에서 선진기술과 관리를 배우는 것이 목적이었다.

지금은 관서關西지방에 가는 여행객 대부분이 1994년 오사카만 한가운데 인공섬을 만들어 조성한 간사이국제공항을 이용하지만, 그때는 오사카시 외곽의 이타미국제공항을 통해 드나들었다. 공항에 착륙할 즈음은 캄캄한 밤이었는데 비행기에서 내려다보이는 오사카시의 야경은 지금도 잊지 못할 장관으로 기억에 남아있다. 바닷가에 조성된 넓은 오사카시가 불야성을 이루고 있었다. 입국심사를 받고 나와 공항에 마중 나온 본사 직원과 함께 고속도로를 지나 교토에 도착해 늦은 저녁을 먹는데 모든 것이 첫 경험인지라 놀라움과 신기함의 연속이었다.

두 달간의 체재 동안 많은 경험을 하며 그들의 발달한 물질문명과 질서의식을 보았다. 남에게 폐를 끼치지 않으려는 세심한 주의와 친절은 많은 것을 느끼게 했다. 부단한 기술개발과 불량률 0%를 목표로 하는 철저한 기술 관리로 완제품을 생산하려는 그들의 노력은 젊은 나에게 우리나라가 어떻게 나아가야 할지를 생각하게 했다. 35년을 일제의 식민지로 수탈을 당하고 해방이 되자마자 민족상잔의 전쟁으로 잿더미가 된 우리나라다. 그런 가난한 나라에서 우리도 한 번 잘 살아보자고 허리띠를 졸라매고 불철주야하던 젊은이에겐 모든 것이 생각하고 배워야 할 것들이었다.

우리나라에서 흑백 TV라 부르는 것을 시로 구로 테레비라든가, 차가 오른쪽 핸들로 운전하여 우측으로 주행한다든가, 잔이 비기 전에 자꾸 첨잔한다든가, 많은 사람이 같이 식사하더라도 똑같은 음식을 개개인 앞에 따로따로 한 상씩 차려낸다든가 등, 이제는 우리나라 사람들도 대부분 다 아는 너무나도 다른 그들의 생활방식은 신기하기는 해도 그에 대한 느낌은 별로 없었다. 그러나 기술적인 문제와 정신적인 문제에 생각이 미치면 긴 시간 이런저런 상념에 잠기곤 했다.

두 달간의 연수를 마치고 돌아온 나는 회사의 지시로 연수 보고회를 했다. 전 사원 앞에서 일본의 발전상과 그들의 정신 자세와 기술관리 에서의 철저함을 열심히 설명하였다. 남을 먼저 생각하는 배려심과 교통문화 등도 이야기하였다. 사원들은 일본회사에 근무하는 여건상 잘들 이해하였고 많은 호응으로 연수보고회는 성공적이었다. 그 자리에서 나는 사원들에게 친일파로 보였을까? 아마 대부분이 내 의견에 동감하고 친일, 반일, 등은 생각 밖이지 않았을까?

나름대로 일본을 배워야 한다는 신념을 지니고 있던 나는 동창회 때나 가족모임 때는 물론 사적으로 친구들과 어울릴 때도 기회 있을 때마다 '우리는 변해야 한다. 미국 등 선진국도 배워야 하지만 한일 병탄의 원한은 잠시 접어두고 일본도 배워야 한다.'고 역설하였다. 그러나 반응은 회사 사람들과는 달랐다. 일부 긍정적인 축들도 있었지만 대부분 부정적이었다. 한마디로 일본 한 번 갔다 오더니 쪽발이가 되어버렸다는 거다. 처음에는 기가 막혀 화가 나서 계속 내 생각을 피력하였지만 그럴수록 나는 천하에 몹쓸 친일파가 되어가고 있었다. 그 후로도 일본행은 계속되었지만 나는 굳게 입을 다물고 말았다.

세계 어느 나라 어느 민족이든 그 나라 국민 전체가 똑같지는 않다. 좋은 사람 나쁜 사람 잘난 사람 못난 사람 섞여 사는 게 사회이다. 제국주의 시대의 일본인들의 만행과 지금도 뉘우칠 줄 모르는 그들의 태도는 나도 싫다. 그러나 인정할 건 인정해야 한다. 우리가 생각하고 배울 점이 분명히 있다. 우리는 그 점을 배워 극일 해야 한다. 그들 개개인을 보면 대다수 사람들이 그렇게 예의 바르고 착할 수가 없다. 소심할 정도로 조용하고 내성적인 사람들이 많다. 어느 분야에서든지 최고가 되려고 열심히 노력하고 최고의 경지에 이른 사람을 존경하지만, 그 반대인 사람에겐 필요 이상의 질시와 비난이 따른다. 냉정하고 차가운 사회다. 일본사회의 큰 두통거리인 이지메도 그런 성향에서 생겨난 것이리라. 반면 지도자에의 충성심과 단결력은 남다른 데가 있어 전후의 부흥을 이루어냈지만 잘못된 지도자가 나라를 이끌면 태평양 전쟁 같은 비극적인 상황을 연출하기도 한다. 이웃 나라인 우리는 그것을 경계해야 한다.

요즘 일본을 가보면 20년을 넘기는 헤이세이平成 불경기와 계속되는 자연재해로 나라 전체가 활력이 없는 모습이다. 그러나 그들은 이대로 주저앉지는 않을 것이다.

해방 후 한때 유행했다던 문구가 떠오른다.

'소련놈에 속지 말고, 미국놈을 믿지 마라. 일본놈들 일어난다.'

사랑하면 할수록

낙조를 보러 서해안을 찾았다. 내가 보고 싶었다기보다, 아내에게 수평선 너머로 넘어가는 해너미를 보여주고 싶어서였다.

회사가 한창 커나가던 삼십여 년 전, 분초를 다투는 마무리작업이 끝나면 포장된 물건을 차에 싣고 수출업무를 담당하던 아내와 함께 국제우체국으로 간다. 그곳에서 까다로운 통관절차까지 끝나, 물건이 무사히 비행기에 태워지면 행복한 피로감이 밀려온다. 그러고 나면 우리는 가까운 곳으로 반나절의 미니여행을 하곤 했다. 일을 잘 마무리 지은 후련함이 더해진 기분 좋은 나들이였다. 그때 곧잘 가던 곳이 바다가 보이는 강화도였다. 물건을 부치는 국제우체국이 서울의 서쪽인 목동에 있었기 때문이다.

강화대교 건너 강화읍의 장날 구경도 하고 전등사도 가고 석

모도도 건너는 등 섬 이곳저곳을 다녔다. 그즈음의 어느 날, 김포 쪽에서 늦은 점심을 먹고 초지대교를 건너 섬 남쪽을 돌 때였다. 해가 뉘엿뉘엿 지며 내 눈에 바라다 보이는 석양이 너무 멋있었다. 그때 아내는,

"지금도 저물녘에 이런 곳에 있으면 그 때가 생각나!" 라며 어릴적 이 이야기를 했다는데 나는 기억을 못 한다. 젊었고 온 정신을 회사에 쏟고 있던 시기였기 때문일 것이다.

아내는 안양에서 바닷가 쪽으로 조금 들어간 시흥시 물왕리의 과수원집 셋째 딸로 태어났다. 지금은 호반에 카페촌이 형성되어 시끌벅적한 곳이 되었지만, 그 시절엔 이따금 낚시꾼이나 들르던 저수지가 있는 한적한 작은 마을이었다. 조부 때에 집안이 일어나 마을에서 제일 풍족한 집의 장남이던 장인은 아내가 초등학교에 입학할 무렵 서울로 솔가하셨다. 알루미늄판 제작으로 큰 돈을 번 매형의 도움으로 알루미늄 제품 공장을 하기 위해서였다. 장인은 우선 자리가 잡힐 때까지라면서 자식들을 일부만 먼저 데려가셨다.

위의 오빠 언니는 공부 때문에, 아래의 동생들은 너무 어려서라는 이유로 칠 남매 가운데 아내와 작은 오빠가 남았다. 얼마 후 의지하던 작은 오빠도 중학교 진학을 이유로 상경하자 아내는 외

톨이가 되고 말았다. 물론 할머니가 혼자 남은 손녀를 위해 이런 저런 신경을 쓰시고 혼자 있는 딸이 안쓰러운 장인이 시골에선 보기 드문 책가방과 학용품을 사 보내곤 하셨지만 그런 것으로 외로움을 지울 수는 없는 거다. 할머니 할아버지와 저녁을 마치면 엄마, 아빠, 가족들이 너무나 보고 싶어서 혼자 마당에 나와 서쪽 하늘을 바라보며 말없이 울었단다.

그때 서쪽 하늘로 지는 해가 그려내는 그 쓸쓸한 풍광에 어린 마음이 어땠을까? 그러면서도 따라간다고 때를 부리지는 못했단다. 혼자 울다 잠이 들면 흐르는 눈물이 머리카락을 적셨고 아침에 잠이 깨면 흘러내린 눈물로 뺨에 달라붙은 머리카락을 떼어내야 했다. 외로움을 하소연할 대상도 없었다. 조그만 가슴을 옥죄어왔던 그 외로움이 절절히 내게 전해왔고 그랬던 아내가 너무나 애처로워서 가만히 보듬어 안았다. 아내는 지금도 무리한 일에 미련을 두거나 어깃장을 놓지 않는다. 물론 성격적인 면도 있겠지만 어린 나이에 너무 일찍 체념을 알아버린 거다. 이제 우리는 나이 들어버렸다. 그리고 아내 곁엔 젊음의 시간이 다 지나간 내가 있다. 그러나 남은 세월을 부족하지만 아껴주며 평온히 지내고 싶다.

차창 밖으론 바닷물 속으로 잦아드는 태양이 하늘을 캔버스 삼아 구름으로 장대한 그림을 그리고 있다. 점점이 떠 있는 섬 사이로 해는 조금씩 조금씩 기울어가고 석양에 비췬 구름이 연한 황금빛에서 점차 진한 붉은색으로 변해간다. 타는 듯한 저녁놀은 숨이 막히도록 고왔다. 그 아름다움이 아련한 쓸쓸함으로 다가왔다. 아내와 나는 풍경 전체를 조망하기 위해 차에서 내렸다. 입추라는데 더위가 한창이다. 그래도 우리를 달래듯 순한 바람이 불어준다.

해는 완전히 바닷속에 잠기고 서서히 짙어가는 어둠 속에 불타던 구름이 잿빛으로 변해간다. 우리는 손을 잡은 채 차로 돌아왔다. 차에 시동을 걸자 카 오디오에선 영화 클래식의 '사랑하면 할수록' 이 흘러나오고 있다.

노을 질 무렵 언덕 너머
그대, 날 바라보고 있죠.
차마 말하지 못한 내 마음을
이미 알고 있었나요.
왠지 모르게 우리는,
우연처럼 지내왔지만
무지개문 지나 천국에 가도

나의 마음 변함없죠. 사랑하면 할수록,
그대 그리워 가슴 아파도
이것만은 믿어요
끝이 아니란 걸
이제야 난 깨달았죠
사랑은 숨길 수 없음을
우연처럼 쉽게 다가온 그대
이젠 운명이 된 거죠.
사랑하면 할수록,
멀어짐이 두렵기만 해도
이것만은 믿어요
끝이 아니란 걸

나는 다시 가슴이 먹먹해지며 아내의 손을 가만히 잡아 주었다.

행복한 삶

집안의 내력인지 형제들이 모두 그림에 솜씨가 있었다. 그러나 세상에 나와 밥벌이하는 도구로는 인연이 없었나 보다. 작은형이 그린 아버지의 초상화는 전문가 수준의 걸작이었지만 평생 공무원으로 늙었고, 바로 밑 동생은 미대 공예과 출신이지만 수산물 회사에 취업해 영업부장으로 재직했다. 그런데 세상사가 묘한 구석이 있어서 그림 솜씨가 제일 처지는 내가 그림 그리는 것으로 지금껏 살아왔다.

공부는 뒷전으로 친구들과 술 마시고 노는 것으로 세월을 보내던 어느 날, 문득 바라본 내 꼬락서니가 한심하고 불안했다. 친구들은 모두 제 갈 길을 가고 있건만 졸업을 하고도 제대로 된 직장에 취직을 못 하고 반백수로 음악에 빠져있는 내가 한심했다. 여러 날을 궁리하다 찾아간 친척의 날염 공장 도안실이 내 그리는 인생의 첫 직장이 되었다. 산업화가 막 시작되던 시절, 공장시설은 열악하고 모든 것이 힘들었지만 선배 도안사들을 도와가며 열심히 그림을 배웠다.

내가 그린 장미꽃무늬의 첫 작품이 날염된 날, 아파트 삼층 높이의 높다란 건조대에서 날염된 천이 바람결에 살랑살랑거리며 말라갔다. 그것을 바라보고 있을 때는 따듯한 행복감이 가슴속에서 몽글몽글 피어올랐었다. 따듯한 봄 햇살에 밝게 투영된 그 천이 길게 늘어져 바람결에 하늘거리는 정경은 아직도 선명하게 기억에 남아있다.

질 좋은 종이에 그림물감으로 이런저런 아름다운 무늬를 꼭지를 맞추어 그려 놓으면 그 무늬를 필름 위에다 한 장씩 색깔별로 나누는 작업이 따른다. 그리고 그 필름에 빛을 투과시켜 인쇄용 틀을 만드는 거다. 그 틀로 평형이 잘 맞추어진 매끈하고 기다란 판에 천을 깔고, 배합된 색색의 염료를 순서대로 발라 나가는 거다. 지금이야 현장의 공정은 전부 기계가 맡아 하지만 그 시절엔 앞치마를 두른 건장한 아저씨들이 담당했다. 한여름 공장 안은 찌는 듯 더웠고 거의 전라의 상태로 작업하기에 인쇄과정 중 이런저런 염료가 묻은 그들의 신체는 아메리카 인디언을 연상시켰다.

첫 봉급을 받아 빨간 내복과 함께 어머니 앞에 내놓을 때는 아들 노릇 했다는 뿌듯함도 느꼈다. 명동으로 놀러 나오라는 친구들의 유혹도 잔업으로 대신했다. 한창 일에 재미를 붙이던 그즈음 일본회사 디자인실에 입사해보지 않겠냐는 제의를 받았다. 일본은 이런저런 무늬가 그려진 기모노를 입는 나라다. 날염이 일찍 발달하여 기술도 우리를 크게 앞서 있었다. 실상, 우리가 하는 날염의 모든 과정도 일본에서 배워온 것이었다. 호기심 많은 나는 사장인 당숙과 상의하여 그 회사에 입사하였다. 현장은 벌써 많은 부분 기계화 되었고, 모든 과정이 분업화 되어있는 일본이라 디자인 부분만 인건비가 싼 한국으로 나온 것이다.

그 회사에서 팔 년을 근무했다. 조건도 좋았고 환경도 좋았다. 말과 기술을 의욕적으로 배웠다. 초임 관리자 시절에는 팀원들과의 호흡도 잘 맞았다. 내 성에다 주임직책을 붙이면 '우주임'이 되는데 '우주인'이라는 애칭으로 부르며 잘 따랐다. 일에 재미가 붙으니 일요일에도 온통 회사 생각뿐이었다. 의욕적으로 근무하니 진급도 빨랐다. 관리자가 되며 본사로 기술연수도 갔다. 70년대 중 후반의 연수 중 본 일본은 나를 애국자로 만들었다. 발달한 그들의 물질문명과 미스비율 제로 퍼센트를 목표로 걸고 치열하게 일하는 그들의 정신자세를 배우고 싶었다. 그래서 그들을 극복하고 넘어서야 한다고 생각했다.

열심히 근무하던 회사가 첫 석유파동의 여파를 견디지 못하고 본국으로 철수하여 졸지에 실업자가 되었다. 취업도 여의치 않았다. 내 손으로 회사를 만드는 수밖에 없었다. 그렇게 자의 반 타의 반으로 창업을 했다. 일본의 회사들은 여전히 일을 낼 곳이 필요했다. 그중 한 회사의 일을 내가 하기로 했다. 근무하던 회사와 같은 형태의 일을 독립하여서 내 힘으로 하는 거였다. 초기에는 일손 부족으로 나도 직접 그려가며 수출업무도 병행했다. 잔업은 일상이었지만 힘든 줄 몰랐다. 회사는 우여곡절 속에 성장해 나갔다. 뒤돌아보면 살아온 세월 중 제일 보람되고 행복한 시절이었다.

부침이 없는 인생이 어디 있으랴. 잘 나가던 회사가 중국의 덤핑공세에 밀려 매출이 급속히 줄자 사업 부진을 이기지 못하고 한눈을 팔다가 혼쭐도 났다. 모르는 분야에 뛰어드는 것은 화를 부르는 지름길이라는 것은 나도 잘 안다. 그런데 내가 하면 성공한다는 근거 없는 자신감과 부진한 사업을 조속히 호전시키려는 조급증 때문에 엉뚱한 분야에 손을 대었다가 불벼락을 맞았다. 내 역량을 모르고 날뛴 불행한 결과였다.

한때 생을 포기하려는 생각까지 할 정도의 경제적 손실과 좌절감도 맛보았다. 물심양면의 많은 대가를 치르고서 이제 다시 본업으로 돌아와 있다. 큰 고통이 가져다준 교훈일까? 전성기보다 매출은 턱없이 모자라지만 즐거운 마음으로 일하고 있다. 평생을 해온 이 일은 신체도 허약하고, 소심한 A형인 나에게 딱 맞는 직업이다. 좋아서 그리며 돈도 되는 이 일이 즐겁다.

아리스토텔레스는 '행복한가, 그렇지 못한가는 결국 우리들 자신에게 달려있다'고 했고 링컨은 '사람은 행복하기로 마음먹은 만큼 행복하다'고 말한 바 있다. 상식적으로만 들리던 이 말들의 참 의미가 요즈음 가슴으로 전해져 온다. 객관적인 지표의 개선이 그 사람이 소속된 단체나 국가가 해야 할 일이라면, 개인적인 삶에 대한 만족도는 개인에게 달렸다. 위를 올려다 보며 상대적 박탈감에 괴로워하느니보다 주어진 여건에 만족하며 사는 인생이 진정 행복한 삶이겠다.

가을이 오면
—인생 四季

구월이 왔다. 끝날 것 같지 않던 무더위가 거짓말처럼 가시고 아침저녁 시원한 공기가 살갗을 스친다. 분위기 탓인지 사람들은 대부분 가을이 오면 사색에 잠긴다. 제법 나이가 든 요즘엔 아침저녁 산책길의 사색 속에 나를 돌아보는 시간이 잦아졌다. 바야흐로 인생의 가을이 온 것이다.

봄

씨 뿌려져 발아한 곳은 척박하지는 않았지만, 옥토도 아니었다. 아니 토질이 문제가 아니었다. 한국동란 한 해 전에 태어나 어수선한 전쟁 통에 돌도 되기 전에 한 쪽 가지가 병들어 버렸다. 경찰공무원이었던 어머니의 불규칙한 수유가 원인이라 했다. 초등학교에 입학하며 성한 나무들에 뒤질세라 많이 애썼다. 병든 가지를 위로 뻗기 위해 온갖 노력을 다했다. 후천적 흙수저였기에 공부에 자질도 모자라면서 미련스러울 정도로 노력했다.

감기에 걸려 끙끙거리는 아들을 들쳐 업고 등교시킬 정도로 어머니의 채찍질도 대단했다. 초등학교 삼학년 땐가 산수시험을 치르고 채점을 했는데 만점이 아니었다. 자식을 병들게 한 것이 당신의 책임이라며 성한 아이들에게 뒤질세라 무섭게 몰아대던 어머니였다. 틀린 개수에 한 대씩 종아리를 맞아야 하는 것이 무서워 시험지를 감추었다. 그러나 어설피 감추었던 그것을 어머니가 청소하다 발견했다. 나는 당장 그 추운 겨울에 빨가벗겨 쫓겨났다. 어머니의 담금질은 자식의 성장으로 인해 실력 행사에서 간절한 염원으로 바뀌었지만, 그 겨울의 사건은 씁쓸하면서도 그리운 유년시절 추억의 한 페이지다.

만개했던 벚꽃이 흩날리며 아쉬움을 남기고 봄이 갔다. 그리고 바통을 이어받아 여름이 고개를 빠끔히 내밀던 신록의 시기에 운명의 짝을 만났다. 고등학교 일학년 때다. 그 시절 우리가 뻔질나게 드나들던 동대문이 마주 보이는 빵집에서 그녀를 만난 거다. 그날 우연히 들어선 그곳에 있던 같은 반 친구 일호가 여학생들을 만난다나? 일호의 여자 친구는 덩치가 컸고, 보일락 말락 뒤따라 들어선 그녀는 깜짝 놀랄 만큼 예뻤다. 일호의 소개에 얼굴이 벌게진 나는 말도 못 하고 바라만 보았다. 호리호리한 체격에 말수가 적은 새침데기였다.

여름

병들고 연약했던 가지는, 미련스러운 노력 때문인지, 경제가 성장하던 시대에 맞게 운이 좋았는지, 잎이 무성한 한 그루 나무로 성장했다. 내 힘으로 회사를 만든 거다. 정확히 말하면 아내와 나의 힘으로. 그만큼 그 시절 아내의 내조는 내게 큰 힘이 되었다. 같이 일하는 식구도 40명 정도 되는 동종 업계에선 잘 나가는 회사였다. 나는 의기양양했고 배려를 잘 몰랐다. 주위에서 질시의 눈길을 느낄 때면 알면서도 무시했다. 그만큼 자신감은 충만했지만 사려가 깊지 못했다. 그 질시를 보듬고 함께 가지 않았다. 한때 세상을 떠들썩하게 했던 한보철강의 회장이 종업원을 머슴이라고 하던 시절이다. 그때는 그만큼 더불어, 함께 간다는 의식이 없었다.

'여러분의 오늘이 모여 여러분의 내일을 만든다. 노력하고 또 노력해라. 행복한 내일을 위해.' 월초나 주초의 조회가 대개 이런 식이었다. 동기유발이랍시고 윽박지르기만 했다. 한마디로 덕이 없었다. 그릇의 깊이가 없었다. 후회되는 부분이다. 시대의 흐름은 우리를 도와 회사는 커져갔지만 믿고 따르던 직원들도 한편으론 원망도 했을 것이다. 그러나 국가나 회사나 활력이 넘치던 시절이었다. 회사는 날로 성장했다. 거래처가 있는 일본으로 직원들 해외연수도 빠트리지 않았고 아이들을 데리고 그곳으로 가족여행도 떠났다. 좋은 시절이었다.

가을

주렁주렁 열매 맺어 결실을 기다리던 탐스러운 수확물이 중국의 덤핑공세라는 태풍에 밀려 다 날아갔다. 거기에다 돌파구랍시고 시도한 새로운 사업은 더 큰 화를 몰고 왔다. 무성하던 잎도 노랗게 물들어 한 잎 두 잎 떨어진다. 가을이 되니 나름대로 거두어들인 것은 좀 있지만 예상했던 수확량에 턱없이 모자란다. 그렇지만 인생의 가을까지 일할 수 있음에 감사하며 가진 것만으로 겨울준비를 잘 해야 한다. 그것은 물질적 잔고만은 아니다. 인적 잔고가 더욱 중요한 것을 느끼는 요즈음이다. 많이 가져야만 행복해진다고 물질에만 연연해 살아온 내 인생이 뒤돌아 보인다.

인생의 가을에 접어든 내게 요즘 새삼스레 경원하는 눈길이 가끔 느껴진다. 친구들과도 속내를 터놓는 얘기는 오래 전이다. 남의 입장을 살피며 배려하지 못하고 살아온 내 대인관계를 반성하는 요즈음이다. 소소한 일상에서 기쁨을 맛보며 작은 것에 만족하고 행복감을 느끼는 내가 되고 싶다. 그런 생각들로 이 가을을 보내고 있다.

겨울

이제 겨울이 코앞이다. 뒤돌아보면 나와 가족만 생각한 보잘것없는 인생이었다. 남은 세월이 정신적으로나 육체적으로 건강하게 살아질지도 불안하다. 남은 인생이 염치를 아는 인생으로, 긍정적인 쪽에 자리매김하길 바란다. 다행히 지금 곁에는 인생길을 같이하고 겨울을 준비할 한 사람이 있다. 사실 지금의 내겐 그것만으로도 큰 위안이 된다. 처음 만났을 때 말없이 새침만 떨던 그 소녀. 그녀가 지금 한 손에 TV 리모컨을 쥔 채 가볍게 코를 골며 내 곁에 잠들어 있다.

되돌리고 싶은 것들

야트막한 언덕 위에서 바라본 산 아래 정경이 온통 뿌옇다. 오늘도 미세먼지 농도는 '나쁨' 단계로 어린이, 노약자들의 각별한 유의가 요구된단다.

이년 전, 손주들의 성화로 애완견 한 마리가 우리 집 식구가 되고 나서 아침에 눈을 뜨면 습관처럼 녀석을 데리고 집을 나선다. 집 뒤의 불암산 자락을 오르는 것인데 처음엔 녀석을 운동시키기 위한 것이 목적이었지만, 이젠 오히려 내 건강을 생각한 아침 산책이 되었다. 녀석을 동반한 산책길의 하늘은 늘 잿빛이다. 가끔, 정말 아주 가끔, 남산타워와 멀리 관악산이라도 보이는 청명한 날이면 온종일 기분이 좋아 시간이 허락되면, 같은 곳을 한낮에 일부러 다시 오르기도 한다. 그러나 그런 날은 가물에 콩 나듯 하고, 오늘도 답답한 잿빛 하늘 아래, 하산하는 길에서는 목까지 따가워지는 느낌이었다.

샤워를 마치고 보던 책을 다시 집어 들었다. 헬레나 노르베리 호지가 쓴 『오래된 미래』라는 책이다. 《녹색평론》의 발행인이며 편집인인 생태학자 김종철 교수가 번역하여 출판한 이 책에는 '라다크로부터 배운다.'라는 부제가 붙어있다. 책표지에는 별처럼 맑은 눈동자를 반짝이는 어린 손자를 안고 행복한 웃음을 짓고 있는 할머니의 사진이 있다. 그리고 책 속의 곳곳에 비록 흑백사진이지만 때 묻지 않은 라다크의 정경들이 보인다.

언어학자였던 저자는 1975년 '작은 티베트'라 불리는 이곳에 동양 언어학의 학위논문을 준비하기 위해서 방문한다. 체류 일 년 만에 까다로운 라다크 말을 습득하게 되자 그녀는 라다크의 전통문화와 자급자족의 생활을 내부로부터 들여다볼 수 있게 되었다. 그리고 산업화 되지 않은 자연환경 속에서 가난하지만, 가난을 모르고 소박하고 긍지 있게 살아가는 그들의 공동체에 매료된다. 그러나 인도 중앙정부의 주도로 진행되는 산업화와 개방화로 자본주의 문명이 밀려들자 그들의 전통문화와 생활이 무너져가는 것을 보며 서구식 산업 문명의 역작용을 보게 된다. 언어학자이면서 환경학자로도 변한 그녀는 16년의 세월을 그곳에 머물며 '라다크 프로젝트'를 설립하여 태양열을 이용한 오븐과 온실, 그리고 난방

등으로 자연을 파괴하지 않고 문명의 편리를 받아들일 수 있도록 여러 모로 노력한다.

책을 읽어가는 사이사이 보이는 흑백사진으로는 성이 차지 않은 나는 몇 번이나 그 청정지역의 정경을 머릿속에 그리며 앨범을 들추고 컴퓨터를 검색하여 그곳의 사진들을 찾았다. 그리고 회상했다. 고산병을 염려하여 팩에 든 산소를 마셔가며 답사하던 티베트의 좁은 산간 도로와, 풀 한 포기 자라지 않는 검붉은 산자락. 그 위에 걸려있던 푸르른 하늘 속의 뭉게구름. 그리고 끝 간 데를 모르게 펼쳐진 내몽골의 초원 위에 시리도록 푸르던 하늘. 밤이면 쏟아져 내릴 것 같던 무수한 별들. 숙소로 사용한 빠오(게르) 앞에 웃으며 앉아있는 우리 일행. 지나온 여행지가 주마등처럼 떠오른다. 그 모두가 얼마 전까지는 우리도 가지고 있던 오염되지 않은 자연이었다. 사진을 뒤지다 보니 풋내 나는 젊은 시절 아내와 같이 어린이 대공원에서 찍은 사진도 보여서 잠깐 그 시절로 회상의 날개를 펴 보기도 했다. 평상의 기억 속에 잊혔던 순간들이 한 장의 사진과 함께 선명히 되살아난다.

NGO나 Ecology를 이름은 들어보았고 무얼 하자는 건지 내용도 대충은 파악하고 있지만 입지 않는 헌옷, 수거함에 집어넣고 재활용 쓰레기 분리배출 하는 게 고작인 나는 생태 보전과 환경보

호에 발 벗고 나설 만큼 열성적이지는 않다. 아니 오히려 생태보호와 참선에 방해된다는 것을 빌미로 사패산 터널 공사가 지연되어 막대한 사회적 비용이 낭비되는 것에 분통을 터트린 쪽이었다. 그러나 역시 맑은 하늘과 깨끗한 물속에서 자연을 호흡하고 싶은 욕심은 버릴 수 없다. 작년에 갔던 대마도에서 본, 집 바로 앞까지 들어온 그 쪽빛 바닷물은 어쩜 그렇게도 맑고 푸르던지.

어떻게 해야 파란 하늘과 맑은 공기를 되찾을 수 있을지 나 혼자서는 알 수도 없고 할 수도 없지만 가능하다면 되찾아서 되돌려 놓고 싶은 잃어버린 우리의 소중한 재산들이다. 그리고 또 하나 순수했던 젊은 시절, 서로에게 몰입했던 그녀와 나의 풋풋하던 열정도 되찾고 싶은 마음 간절하다.

아! 정말 쩐다

차 안은 여느 때와 마찬가지로 왁자지껄하다. 마치 쉬는 시간의 초등학교 교실을 옮겨다 놓은 것 같았다. 70이 넘어 보이는 나이에도 기골이 장대한 건강체의 할아버지 기사가 차 안이 쩌렁쩌렁 울리는 큰 소리로 주의를 주었지만, 아이들은 그 때뿐, 또다시 정신없이 부산을 떨고 목청껏 소리를 냈다. 인솔교사 비슷한 청년이 함께 탔지만 그도 이제 겨우 고등학교를 졸업한 아르바이트 학생인 듯하다. 아이들이 내리고 탈 때 도움을 주고 부모들에게 인계하는 역할은 했지만, 운행 중에는 질서를 잡기보다는 아이들과 같이 노는 모양새다.

세계적인 불경기에다 거래하는 나라의 원전사고로 일거리가 줄어 시간이 많아진 나는 밤늦은 시간에 하던 수영을 오후 4시로 옮겼다. 그러다 보니 낮 시간에 운영하는 체육관의 셔틀버스도 탈

수 있었다. 운전도 하기 싫던 차에 기름값도 아낄 겸 잘 되었다 하고 자주 이용한다. 시에서 개인에게 위탁 운영하는 것 같은 체육관은, 규모도 크고 시설도 좋다. 수영장 외에도 헬스클럽, 실내골프 등의 운동 시설과 요가, 스포츠댄스 등 다양한 취미 활동도 할 수도 있어 여러 모로 편리하다.

바로 옆에는 구립 도서관까지 있다. 시간은 넘쳐나지만, 좀체 집 안에 있지 못하는 나에게는 좋은 피난처다. 아침밥을 먹고 버스를 타면 서둘러 남편과 아이들 내보낸 후 자기관리 하러 나왔을 아주머니들이 대부분이어서 생활 냄새 물씬 풍기는 수다가 차 안에 가득 넘친다. 그런 분위기는 여자들만 사는 집안에 갑자기 들어선 남자처럼 나를 쑥스러운 기분이 들게 한다. 그 시간대는 그녀들만의 공간인 거다. 그 시간대에 그곳에 불쑥 들어선 내가 이방인이니 쑥스럽지만 어쩔 수 없다.

오전에는 도서관에서 책도 읽고 글감 정리도 하며 보내다가 점심 먹고 헬스장에서 땀을 흘리고 오후에 수영하고 샤워를 마치면 그렇게 개운할 수가 없다. 시쳇말로 화백(화려한 백수)의 하루가 마감되는 것인데 돌아가는 버스 안이 아침과 달리 이번엔 초등학교 운동장이어서 정신이 없다. 그렇지만 아이들이 주로 이용하는 버스를 얻어 탄 어른 처지에서 철없는 아이들을 어른들처럼 조용히 하라고 할 수는 없는 일 아닌가! 몇 번인가 다시 차를 가지고 다니기도 했지만, 주차공간을 못 찾아 이리저리 헤맨 후로는 그것도 포기하고 울며 겨자 먹기로 시끄러워도 동승을 한다.

뒷자리 녀석들은 버스가 떠나가라는 듯이 저희만의 이야기에 열중해 있고 앞줄 통로 옆의 여자아이들은 휴대폰 게임에 열중해 있는데 하나같이 최신 스마트폰을 능숙하게 조작하고 있다. 아이들을 물끄러미 바라보며 저 아이들에게 저것은 순기능이 아닐 텐데 하는 생각을 하는 찰라, 갑자기 그 뒤의 조금 더 큰 남자 녀석이,

"와! 대박! 쩐다!"

하고 큰소리로 통화하는 소리가 귓전을 울렸다. 대박이니 쩐다니 하는 감탄사 정도는 신세대 할아버지를 자부하는 나도 알아듣지만, 문제는 이어지는 대화가 너무나 어이가 없어 참을 수 없이 화가 났다. 무슨 놈의 대화가 욕이 섞이지 않으면 이어지지 않는지…. 보아하니 초등학교 고학년이나 중학교 저학년 정도의 곱상하게 생긴 녀석이었는데 내가 무서운 얼굴로 쳐다보고 있다는 것을 느끼고 몸을 움츠리면서도, 욕이 섞인 통화를 멈추질 못했다.

녀석은 동생과 같이 다녔는데 며칠 후 녀석의 동생과 어머니로 보이는 40 후반의 부인이 같이 탄 보습을 보았다. 동생 녀석도

손에는 스마트폰을 들고 있었는데 엄마의 전화기는 폴더였다. 나는 어이가 없어 실소를 금할 수가 없었다. 며칠이 지난 후. 그 욕설 통화 이후 만나면 어색한 인사를 하는 그 녀석에게,

"어디 사니? 부모님은 무슨 일을 하시는데 너희끼리만 다니니?"

하고 일부러 다정스레 물어보았다. 부모님은 새벽시장에서 채소장사를 한다고 했다. 가락동 농수산물 시장인 것 같았다. 생활전선에서 한밤중부터 열심히 뛰려니 낮에는 자야 할 것이고 사랑스러운 자녀들과 낮 동안의 생활을 같이하지 못하는 처지에서 자녀 요구를 쉽게 뿌리치지 못했으리라.

나도 요즘은 지하철을 타면 책을 펴던 버릇이 카카오톡 하는 재미로 바뀌고, 다른 이들도 저마다 스마트폰 들여다보느라 정신들이 없어 대화가 실종되고 말았다. 각종 필요한 정보와 재미있는 오락거리가 조그만 기기 속에 모두 들어 있으니 그것 하나면 혼자 놀기에 마침맞다. 젊은이들의 메시지 보내는 손가락 놀림을 보고 있노라면 거의 신기에 가까워 감탄을 하곤 한다. 한참 유행하던 지하철 무료신문도 어느 순간엔가 자취를 감추어 선반에서 신문 수거하여 푼돈을 벌던 할아버지들을 실업자로 만들고 말았다.

세상은 눈이 핑핑 돌 정도로 무섭게 변하고 국어 순화 운동은

문명의 이기에 밀려 물 건너간 느낌인데 젊은이들은 스마트폰에 함몰되어 대화 방법을 잊어버리고 청소년들은 최신 스마트폰을 PSP(플레이 스테이션 포터블) 대신으로 사용하여 게임에 빠져있고 욕이 반이나 섞인 대화가 아니면 의사소통이 안 되니,

아…… 정말, 쩐다!

완장

집에서 걸어서 약 20분 거리의 전철역까지 가는 데는 걸어가는 것과 차를 이용하는 두 가지 방법이 있다. 처음엔 시간 절약 차원에서 또는 게으름의 소치로 차를 몰고 가서 적당히 주차할 곳을 찾아 그곳에 차를 두고 출근을 했었다. 상가 주차장, 주민 센터 주차장, 등 적당한 자리가 보이면 두고 가는 식이다. 역사 주차장이 없는 지하철역이기에 어쩔 수가 없었는데 몇 번 주차금지의 지적을 받고는 차로 전철역까지 가기를 포기하고 걸어 다니기로 했다.

걷기엔 조금 먼 거리라 처음엔 꾀도 나고 시간이 제법 걸려 힘이 들었지만, 자꾸 다니다 보니 그냥저냥 다닐 만했다. 걸어다니며, 될 수 있으면 시간을 단축해 보려고 이 길 저 길 빠른 길을 찾다가 중간에 아파트의 단지 안을 질러가는 길을 알게 되었다. 그 길을 이용하는 사람들이 제법 많았고 그 아파트에는 아는 이들도 살고 있어 나중엔 우리 아파트 다니듯 그 길을 이용하는 것이 당연시 되었다.

그날도 바쁜 출근길을 재촉하여 그 아파트의 정문에 도달했을 때 한 무리의 사람들이 옥신각신하는 모습이 보였다. 어느 노신사와 아파트 경비 간에 통행문제로 다툼이 벌어진 것이다. 그 아파트의 정문에는 진즉, 통행로가 아니니 외부인은 돌아가라는 의미의 외부인 통행금지라는 시옷자 모양으로 만들어진 세움 간판이 놓여 있었지만, 경비를 서는 이들도 다니는 사람들도 서로 묵인하에 그 길을 이용하고 있었다. 그런데 경비실 쪽으로 아파트 부녀회에서 외부 행인이 단지 내의 차량과 접촉사고라도 나면 책임지겠느냐고 강력한 항의가 들어왔다는 거다. 부녀회에 상대적으로 약한 힘 없는 경비실에서는 당장 외부인 통행금지의 실력행사에 들어가 이 사달이 난 것이다.

젊은 경비 한 명이 막무가내로 막아서고 있고 그 노신사는 늘 다니던 길을 왜 새삼스럽게 막아서느냐고 언성을 높였다. 다툼이 늘 그렇듯 처음에는 가자느니 못 간다느니 옥신각신하다가 언성이 높아지면서 감정싸움으로 커져 몸싸움마저 일어날 지경이었다. 악역은 젊은 경비에게 맡기고 뒤에서 노회한 웃음을 짓고 있던 나이 지긋한 경비반장이,

"저희도 죽을 지경입니다. 이해해주세요."

하며 양해를 구했지만, 그 노신사는 문도 안 달린 길 좀 이용하는데 뭐가 문제냐며 계속 통행을 하고야 말겠다며 격앙되어 있었다.

출근 시간에 쫓겨 서둘러 갈 길을 재촉하며 그 젊은 경비를 다시 한 번 쳐다보았다. 약간은 단순해 보이는 순박한 인상에 고집이 있어 보였다. 자기는 외부인의 통행을 막으라고 명 받았으니 명령대로 할 뿐이라는 듯 막무가내다. 그의 팔뚝엔 요즘엔 보기 어려운 완장이 둘러 차 있었다. 노란 바탕에 붉은 글씨로 경비라 쓰고 가로줄이 두 줄 그어져 있는 완장이었다.

문득 고교 시절 등교 시간에 학생주임 선생 옆에서 선도부장이라고 쓰여 있는 완장을 자랑스럽게 차고 서 있던 친구 Y와 그보다 한참 후 TV에서 보았던 조형기 주연의 〈완장〉이 생각났다. 복싱부에서 웰터급으로 특별활동을 하고 있던 Y는 힘만 앞세우는 단순무식 형의 속없는 녀석이지만 권력의 자투리를 희미하게 느끼고 있는 듯했고 우리 패들은 그가 선도부장인 것이 무슨 백이나 되는 양 안심을 했다. Y는 그 때 벌써 완장으로 대변되는 권력의 맛을 알았었다. 거기에 기대어 나와 친구 녀석들은 그 알량한 완장의 그늘에서 규율의 밖을 맛보았다.

또 하나 나중에야 원작이 윤흥길의 소설인 것을 알게 된 조형기 주연의 〈완장〉은 한층 강한 느낌으로 다가왔다. 이야기는 땅 투기로 졸부가 된 최 사장이 저수지의 사용권을 얻어 양어장을 만들면서 시작된다. 동내 건달이었던 임종술은 최 사장에게 발탁되어 저수지 관리인이라는 완장을 차게 된다. 그는 완장을 차고 나서부터 권력의 맛을 알게 되고 권력(?)을 휘두른다. 그 역할을 해내는 조형기의 신들린 듯한 연기력에 홀딱 빠져 넋을 놓고 보았었다. 그 서푼 어치의 권력을 쥔 종술은 면 소재지인 읍내에 나갈 때도 완장을 두르고 활보한다. 심지어 자신을 고용한 사장의 친구 일행이 낚시질하는 것까지 금지하는 신념 있는 권력행사 끝에 해고된다. 해고된 종술은 완장의 허황함을 일깨워주는 술집 작부 부월의 충고를 받아들여 완장을 저수지에 버리고 그녀와 함께 떠난다는 줄거리다.

그렇다. 지금은 어느 산업체의 제조 현장이나 가야 눈에 뜨일까 말까 한 그 촌스런 완장은 기실 묘한 것이다. 순진해 보이는 젊은 경비가 타협의 여지 없이 완강하게 나오고 부녀회로 대변되는 완장이 있어 주 1회 아파트 단지 안에 개설되는 장터는 그들의 결재 여하에 따라 상인들이 바뀐다. 완장의 힘이다. 크고 작은 완장들이 있고 이런저런 권력 남용이 있어 세상은 연일 시끄럽다. 어떤 자리에 자리매김하는 것은 그에 맞는 올바른 역할을 하라는 것이지 자리를 이용하여 잘못을 저지르라는 것은 아니다. 크든 작든 권력을 쥐었을 때 평정심을 유지할 수 있는가? 항상 되뇌어 보지만 정말로 어려운 문제다.

자기 임무에 충실했던 융통성 없는 젊은 경비는 어디로 갔는지 보이지 않고 며칠 후부터 통행인들은 전처럼 슬그머니 그 길로 다시 다니고 있다.

애필로그

행복 만들기

지금 이 에필로그의 '행복 만들기'를 읽는 분들은 일단 이 책을 끝까지 다 읽어주신 분들이라 생각되어 우선 고맙고 기쁘다.

어릴 때부터 몸을 쓰는 일이 아닌 것에서는 이 것 저 것 조금씩 재주를 보였다. 음악 시간에 실기 테스트를 거쳐 합창대에 뽑혔고, 미술 시간을 거치며 미술부에도 불려갔다. 교내 백일장에서 입상하여 문학반에도 들어가 문학의 밤에 나가서 시 낭송도 해 보았다. 그 인연으로 학교 신문과 교지의 어설픈 기자 노릇까지 하게 되었다. 그러나 그 어느 것에서도 빼어난 재주를 보이지는 못했다. 끈기는 있었지만, 쓸데없이 분주한 학생이었다.

사업 부진에 이은 투자실패로 방황하던 시절이다. 살던 집을 줄여 송파구로 이사한 후, 공허함을 이기려고 구립체육관과 도서관에서 소일하던 어느 날. 우연한 기회에 방이 복지관에서 글공부를 시작하였다. 그곳은 이런저런 장애를 가졌지만 순수한 마음을 가진 사람들이 글쓰기를 배워가며 자서전을 써보고자 모인 반이었다. 글쓰기에 다시 재미를 들인 나는 마치 지금의 불우한 처지를 글로 풀어내지 않고는 못 배기겠다는 듯, 밤샘작업도 마다하지 않고 글쓰기에 몰두했다.

그곳에서 그 분들과 같이 책을 한 권 냈다. 책으로 묶인 나의 글을 보자니 제대로 한 번 해보자는 욕심이 생겼다. 체계적인 공부를 위해 본격적으로 수필 문학의 세계로 발을 들였다. 《한국산문》산하 공부방에서 본격적인 글공부를 시작했고 《한국산문》을 통하여 등단도 하였다. 그러나 호전되지 않는 경제적 여건은 체면을 중시하고 지나치게 남의 시선을 의식하는 나를 힘들게 했고,

돈 때문에 애면글면하는 속물적인 생활이 계속되고 있었다. 그렇지만 그런 와중에도 글쓰기는 계속하였고 인간 만사 '새옹지마'라더니 그간 경제적 여건도 다소 호전되며 이렇게 한 권의 책이 내 눈앞에 나타났다. 변변찮은 내 삶의 발자취지만 마감 글을 쓰는 이 시간 너무나 행복한 마음이다.

쓰는 글마다 첫 번째 독자가 되어준 아내에게 감사한다. 나를 낳아준, 이제는 저승에 계신 아버지 어머니에게도 감사하고, 가까이서 멀리서 늘 서로 응원하는 가족들에게도 감사한다. 수필가로 살아가면서, 사제 간으로 만나 지도편달을 아끼지 않은 스승들에게 감사하고 같이 꿈을 키워온 모든 문우에게도 고마운 마음을 전하고 싶다. 동시대에 태어나 나와 인연을 맺어온 학교 친구들, 사회에서 만난 친구들, 그 외에도 나를 아는 모든 이들에게 감사하며 모두에게 이 책을 드리고 싶다.

소시민의 일생이 무에 그리 대단하랴만은 대과 없이 인생의 가을에 와있는 지금, 나를 돌아보는 이 책 한 권 만든 것이 너무나 나를 행복하게 한다.

추천사

잘 익은 한 방울의 명주

이 미 서 경희대학교 사회교육원 교수

이 시대, 정보는 변혁의 주된 요인이 되고 있습니다. 컴퓨터 통신 기술의 발달로 인터넷을 통한 지식과 기술의 급속한 전파는 어느 한 기업이나 한 단체의 정보나 기술의 독점을 용납하고 있지 않습니다. 또한, 공간과 시간의 제약을 무너뜨리는 가상공간(cyber space)을 연결하는 네트워크의 형성은 지식의 홍수를 낳고 있습니다.

5분!

수필 한 편을 읽을 수 있는 시간입니다. 도스토옙스키의 5분처럼 누군가에게 주어진 5분 속에 절체절명의 글이 될 수 있도록 시간을 아끼고 치열하게 창작에 임해야겠습니다. 이것이 바로 우리가 수필을 쓰지 않으면 안 되는 이유입니다. 수필 인들은 이런 각오로 창작하여야 합니다. 수필과 진정한 열애熱愛에 빠져보세요.

시와 소설은 나름대로 독자층을 형성하며 그 영역이 가지고 있는 특성이 있기에 수필이 더욱 정진해야 하는 까닭입니다.

미독만권지실未讀萬劵之室

글을 쓰는 사람은 학문에 대한 태도로 책을 만권 이상을 읽어야 한다는 뜻입니다. 항상 다독하고 정진하며 글을 짓는 우성희 작가는 이 시대의 진정한 문학인이 아닌가 싶습니다. 『내 인생의 작은 뜨락에서』는 일개 개인의 독백이 아니라, 열정과 능력 지혜와 꿈이 무르녹아 이뤄낸 결과물이라 할 것입니다.

요즘 수필 독자 중에는 책을 처음부터 꼼꼼히 읽고 잘못된 점을 족집게처럼 찾아내어 날카롭게 평하는 분들도 적지 않습니다. 글을 사랑하고 읽기를 즐기는 독자 개개인이 모두 평론가인 셈입니다. 그런 분들로 인해 우리는 더 무거운 책임감을 느끼게 되며, 완성도 높은 작품을 지으려 노력합니다.

수필修筆은 술을 빚는 정성으로 만듭니다. 오랜 시간 동안 체득한 노력으로 자연과 가족, 직장, 고향, 친구, 여행 등 필자가 마주하는 세상의 진귀한 재료를 담습니다. 정성껏 준비한 다양한 재료를 담아두고 술이 익기를 기다리는데, 글은 빚는 이의 성품이나 성향에 따라 맛과 향이 제각각으로 나타납니다. 수필은 마음의 산책을 글로 풀어낸 것입니다. 한 줄의 절창을 만들어내기 위하여 작가는 뼈를 깎는 아픔과도 마주합니다. 가슴으로 쓰고 머리로 정리한 글은 글쓴이의 감정이 고스란히 배어납니다. 현학적이 아닌 마음속 깊은 곳에서 우러나온 글 한 자 한 자를 끌로 새기듯 정성을 다해 치열한 작가정신이 깃들도록 해야 합니다. 낱말 하나하나가 모여 마음에 차는 문장이 되도록 각고의 노력을 더하고 그것이 완성되었을 때 비로소 진정한 행복을 맛봅니다.

잘 빚어서 매혹적인 향과 깊은 맛이 나는 명주를 세상에 내어놓을 때처럼 사유를 붙잡게 만들 우성희 작가의 『내 인생의 작은 뜨락에서』는 책을 마주하는 독자에게 달착지근하면서도 고아한 향을 오래도록 자아내게 할 것입니다.

2018. 06